Pedro Sánchez de Aguilar

Informe contra los adoradores de ídolos del obispado de Yucatán

Edición de Francisco del Paso y Troncoso

Barcelona **2023**
Linkgua-ediciones.com

Créditos

Título original: Informe contra los adoradores.

© 2023, Red ediciones S.L.

e-mail: info@linkgua.com

Diseño de cubierta: Michel Mallard.

ISBN rústica: 978-84-96290-67-9.
ISBN ebook: 978-84-9897-610-6.

Sumario

Brevísima presentación

La vida

Pedro Sánchez de Aguilar (Valladolid, Yucatán, 1555-Santa Cruz, Bolivia, 1648). México.

Hijo de conquistadores, estudió en la Real y Pontificia Universidad de México y fue doctor en teología. Al regresar a Yucatán fue cura. En 1613 fue nombrado deán de la catedral de Mérida. Entonces empezó a escribir esta obra, terminada en 1615 y editada en España en 1639. En su Informe son descritos rituales indígenas, magias y enfermedades.

La vigencia de la medicina mágica se debe al arraigo de las supersticiones y creencias populares. En México, muchas de éstas tienen su origen en la cultura maya y en ocasiones son el resultado de la convivencia entre la cultura maya y la de los conquistadores españoles. Esta obra, que pertenece a la tradición literaria de la evangelización de los indígenas, describe las prácticas rituales de la población indígena de Yucatán.

Informe

Al Rey Nuestro Señor Filipo IIII. El mayor Monarca del mundo en su Real Consejo de las Indias el doctor don Pedro Sánchez de Aguilar, Canónigo en la Santa Iglesia Metrópoli de la Ciudad de la Plata, Provincia de los Charcas en el Pirú. S. P. D.

SEÑOR.

Siendo Capellán de V. Mag. y Deán de la santa Iglesia Catedral de Yucatán en la Nueva España, hize este informe, CONTRA IDOLORUM CULTORES, como testigo ocular de la muy reñida y antigua competencia, que huvo, y avía (y pienso que oy dura) entre los dos braços, Real, y Eclesiástico cerca de la captura, prisión, y castigo de los Indios idólatras, y apostatas de aquel Obispado, donde estava la idolatría tan arraigada.

Sobre que informé a V. M. siendo Provisor Sede vacante, y fue servido de proveer su Real cédula el año de 1605, en que mandó V. M. al Obispo de aquella tierra informasse de la verdad, y causa de tanta idolatría, y que se podía haber para su remedio, quedó rudo, y corto qual es mi ingenio; y temiendo esto, en tantos años no ha salido a luz. Y al presente me han encargado la conciencia algunos varones doctos lo hiziesse imprimir para el servicio de Dios nuestro Señor, y de V. M. y bien de aquellas almas erradas.

El caso del, y el remedio dellas incumbe a vuestras Reales manos como a Señor, y Rey nuestro, que Dios guarde, tan zeloso del Culto divino, y aumento de nuestra santa Fe Católica, y más en las tierras nuevas de vuestra Real Corona (si bien su humile y tosco estilo le hazen indigno dellas), mas fiado en que fue más aceto a los divinos ojos el cornadillo de la pobre vieja, que la ofrenda quantiosa de algunos ricos (Luc. c. 21), me atrevo a hazer esta a V. Mag. las rodillas en el suelo, suplicando la admita en su Real amparo, passando sus Reales ojos al zelo con que lo escriví, y no a la corta ofrenda.

Guarde nuestro Señor a V. Mag. y aumente en sus divinos dones, y mayores Reynos, como a columna singular de su Iglesia, como sus vassallos deseamos. En la Ciudad de la Plata, Provincia de los Charcas del Pirú en primero de Enero de 1636.

Capellán y vasallo de V. Mag. que sus Reales manos besa.

Doctor don Pedro Sánchez de Aguilar.

Aprovación del Padre Fray Alonso de Herrera

Por Comissión del señor Licenciado don Lorenço de Iturriçarra, vicario general de Madrid, y Chantre de la santa Iglesia de Alcalde de Henares, he visto un informe, CONTRA IDOLORUM CULTORES, del Obispado de Yucatán, compuesto por el doctor don Pedro Sánchez de Aguilar Deán de aquella Iglesia.

El Memorial es docto, y no contiene cosa alguna, que desdiga de toda buena doctrina, antes bien merece ande impresso por aquellos Reynos, para que el temor del castigo ocasione emienda a la inclinación natural de aquellos bárbaros, viendo que el Superior Eclesiástico le andará a la mira; porque a mi ver es cierto lo que dixo Séneca hablando con Lucillo: Prodest sine dubio custodem imponere tibi, & habere, quem respicias, quem interesse tuis operationibus certò scias. Éste es mi sentimiento.

Dada en este Convento de la Vitoria de Madrid del Orden de los Mínimos a seis días del mes de Febrero de mil y seiscientos y treinta y ocho años. Fr. Alonso de Herrera.

Licencia del Ordinario

Nos el Liccenciado don Lorenço de Iturrizarra Vicario general de la villa de Madrid, y su partido, &c. Por la presente cometemos al P. Fr. Alonso de Herrera de la Orden de los Mínimos desta Villa para que vea y examine un libro de quartilla, intitulado, INFORME CONTRA IDOLORUM CULTORES, del Obispado de Yucatán, dirigido al Rey nuestro señor en su Real Consejo de Indias, compuesto por el Doctor don Pedro Sánchez de Aguilar Deán de Yucatán: el qual con su parecer y aprovación nos lo remita, siendo conveniente al servicio de Dios N. S. y de nuestra santa Fe Católica, para que visto, proveamos justicia. Dado en la villa de Madrid a quatro días del mes de Febrero de mil y seiscientos y treinta y ocho años. Licenciado Lorenço de Iturriçarra. Ante mí. Ivan Díez Navarro Notario.

Aprovación del Padre Fray Damián López de Haro M. P. S.

Por Comissión y mandato de V. Alteza he visto el informe, CONTRA IDOLORUM CULTORES, que compuso el Doctor don Pedro Sánchez de

Aguilar, Deán de Yucatán, y Canónigo en la Metrópoli de la Plata, y no he hallado cosa contra nuestra santa Fe Católica, Concilios, Tradición de la Iglesia, sana y buena dotrina. Antes bien qual otro Matatías se embravece religiosamente contra las idolatrías de aquellos Reynos, y pide a nuestro Catolicíssimo Rey, y a los de su Consejo (lo que les amonesta San Isidoro) tomen a su cargo la defensa de la Religión, y la autoricen con su poder, que por la humildad que professa la Iglesia, y sus Ministros necessitan de la Real protección: Ipsamque disciplinam, quam Ecclesia exercere non praeualet, ceruicibus superborum potestas Principis imponat. (ISIDOR. lib. 3, sentent. cap. 51).

Porque (como notó San Agustín) están obligados los Reyes con el vigor del imperio que les dio Dios, ensalçar su gloria, y echar por el suelo lo que la haze guerra, como lo hizieron los santos Reyes Ezechías, y Iosias derribando el altar de los ídolos, y extirpando los abusos, que en detrimento de la verdadera Fe se introduzen, o continúan. (D. AUG., epist. 50).

Y tanto quanto los Reynos son más distantes, tanto más deven desuelarse los Príncipes por la salvación de sus vassallos; porque mientras más apartados de la presencia del Superior, están expuestos a mayores riesgos. Como notó gloriosamente San Gregorio Nisseno sobre el imperio del primer hombre, que aviéndole hecho Dios Rey y Señor de las cosas todas, su primer cuidado quiso que fuesse de los pezes, que viven lexos y retirados de nosotros, y luego de los animales, que hazen vida común, y viven en nuestro mismo alojamiento: Primum nobis datum est imperium in ea, quae habitatione a nobis seiuncta sunt, non dixit praessit animantibus, quae simul cum ipso sunt aeducata, sed piscibus, qui vitam in aquis degunt (D. GREG. NISSEN., orat. 1):

Por lo qual será justo dar la licencia que pide, para que impresso este Memorial, puedan ver muchos quanto importa no dar lugar a que cunda la idolatría en aquellos Reynos por el encuentro de las jurisdicciones. En este Convento de la Santíssima Trinidad de Madrid a 27 días del mes de Febrero de 1638 años.

Fr. Damián López de Haro.

Suma de Privilegio

Tiene Licencia, y privilegio por diez años su Autor para imprimir este libro intitulado, INFORME CONTRA IDOLORUM CULTORES. Firmado del Rey nuestro señor, y refrendado de Francisco Gómez de Lasprilla, que es fecho en Madrid a doze de Iunio de mil y seiscientos y treinta y ocho años.

Suma de la Tassa

Tassaron Los Señores del Consejo este libro intitulado, INFORME CONTRA IDOLORUM CULTORES, a cinco maravedís cada pliego, como consta de su original despachado en el oficio de don Diego de Canizares escrivano de Cámara. En Madrid a doze de Iunio de mil y seiscientos y treinta y ocho años.

Fe de erratas

Liber hic nomine inscriptus, INFORME CONTRA IDOLORUM CULTORES, veré ac fideliter respondet suo exemplari. Datum Matriti die 7 mensis Aprilis ano 1639. El licenciado Murcia de la Llana.

De un religioso devoto del autor

Mirando de hito en hito
Los rayos que el Sol descoge.
Prueva el Águila sus pollos,
Y por suyos los conoce.

Un Águila remontada
Del nido de Ézija, donde
Lo tienen los Aguilares
Los ojos en Dios inmobles.

Murió en Yucatán a manos
Del idólatra feroz
Por trato doble de paz

Con veinte y dos Españoles.

Imitando a su cabeça,
   Que entre los bermejos montes
   Rindió la vida a los Moros
   Por la Fe de sus mayores.

Oy de Yucatán un nieto
   Remanece, copia noble
   Del muerto Aguilar Fernando,
   Que le imita en las acciones.

Águila se muestra en todo
   Fixa la vista en el Orbe
   Del Sol de justicia Dios.
   Bolando a sus resplandores.

Y con tridente de letras
   Se abate a los escorpiones,
   Dragones, y basiliscos,
   Ídolos, y falsos Dioses.

Al javalí que de Dios
   Las miesses paze disforme.
   Con la pluma lo ahuyenta,
   Y con el pico le rompe.

Sobre que siembra cizaña
   De los ídolos que opone,
   En los cultivados campos
   Quiere que la Fe se ahogue.

Otras Águilas bolaron
   Al Poniente deste bosque

Que las historias de España
Eterno será su nombre.

Gerónimo fue el primero,
    Que conservó en las prisiones
    De Coçumel, luz del cielo,
    Porque a Cortés fuesse Norte.

Fixó los ojos en Dios
    Pidió libertad, y viose
    Libre de improviso, quando
    Burló de Kiniche el orden.

De México en la conquista
    Lengua fue, lengua conforme
    Del espíritu, que dio
    De fuego lenguas, y vozes

A Chiapa, y Guatimala
    Bolaron otras velozes,
    Yucacatán, Valledolid,
    Tumba de Fernando entonces.

Mas vos, Doctor Aguilar,
    Desde los Charcas que os oye,
    Dais buelo a la patria, que
    Regó vuestra sangre noble.

Inquisidor os mostráis
    CONTRA IDOLORUM CULTORES
    Con los favores del Sol,
    Que miráis con vista inmoble.

Desde Arcediano, y Deán

Distis tal buelo, de donde
Oy el mundo nuevo todo
Rodeáis con este informe.

Con el abrirán los ojos
Del entendimiento torpe
Los que al tiempo del auxilio
Los cerraron con desorden

Donde el Segundo Filipo,
Y el Quarto, que siglos goze,
A estar presente, auxiliara,
Iosue con sus pendones

Vuestro informe, y vuestro zelo
Merece eterno renombre,
Dirigido a tan gran Rey,
No ay plus ultra a sus razones.

UN DEVOTO

Prólogo al lector

Muchas son, Christiano Lector, las disculpas que tengo en el cargo que algunas personas graves me han hecho de conciencia en no aver sacado a luz este informe, CONTRA IDOLORUM CULTORES, que hize el año de 1613, siendo Deán en Yucatán, y Comissario general de la S. Cruzada: las quales diré brevemente, remitiéndome al discurso y prolixidad del, y al poco, o ningún talento, que fue Dios N. S. servido fiarme.

Porque no todos Profetas, ni todos Evangelistas, ni todos Doctores, &c. (EPHES. 4. cap.) La primera sea el temor natural que tuve en tantos años en divulgar lo que quiçás amargara a algunos, sacando de la rosa y flor ponço-ña, de donde saca la aveja dulce miel y sabrosa, diziendo ande calle, que no lo entiende, como me dixo un quidam.

La segunda, que aviendo passado a España por Procurador de aquella S. Iglesia el año de 1617 con propósito de imprimirle, a pedir, y suplicar a los pies de nuestro Rey y señor la merced que la hizo de veinte y quatro mil ducados para su complemento, y adorno de campanas, libros de Coro, Ofi-cinas, Baptisterio, Ornamentos: no tuve un día de salud en año y ocho días que assistí en la Corte.

La tercera, que el refrán común y ordinario (sua cuique placent) por la bondad de Dios N. S. no tuvo cabida en mi humilde pecho, mas antes me pareció siempre ser obra indigna de muchos ojos, por la cortedad de mi talento, y penuria de libros. Mas bolviendo los míos al entendimiento, y dis-curriendo, que sería mayor el cargo el averle enterrado sin grangear, y ganar algo con él, me persuadí a su impressión; pues la penitencia vale más tarde, que nunca.

La quarta, que aviéndome cabido la suerte en la Canongia desta santa Iglesia de la Ciudad de la Plata tan lexos de mi patria, y en la tierra más cara que tiene el mundo, donde apenas con tres mil pesos corrientes ay para una modesta, y congrua sustentación (siendo necessarios quinientos para esta impressión), será bastante disculpa.

La quinta, que en el viaje de España se me perdió en un aviso el original aprovado del señor Obispo don Gonçalo de Salaçar de una cartilla de Dotri-na Christiana en lengua de los Indios, en que avía trabajado más que en este informe; con que desmayé, juzgando que mi trabajo era inútil, pues no logré el principal, aunque el borrador dexé a los Padres de la Compañía de Iesús a mi passada por Yucatán, con que se avrá logrado en tales manos (mas todas son disculpas de hijo de Adán.)

Y tomando el consejo de tantos varones tan santos como doctos, que me animaron, me atreví a poner este informe, y pequeño trabajo en las manos de los que leyeren con zelo Christiano, y que sabrán con discreción mirar la obra, y la pintura, sin atender al tosco pincel, y pluma mal cortada. Mi intento, y fin, y blanco fue satisfazer a nuestro Rey y señor, y a su Real Consejo de Indias la verdad que a su Magestad escreví el año de 1603 siendo Provisor Sede vacante en aquel Obispado. Donde me hallé embarazado con las cárceles llenas de Indios idólatras, y solicitada la conciencia con escrúpulos, viendo la idolatría tan crecida, y la justicia Eclesiástica tan desfavorecida en su castigo, y remedio. Y desta carta resultó una cédula el año siguiente de 1605 sobre que se funda este informe.

La traça y planta del (por abreviarle) es una questión con sus argumentos, preludios, dos conclusiones, y respuesta a ellos, provando quan desenfrenadamente se van al infierno estos idólatras, no siendo rudos, ni bárbaros, ni neófitos, sino tan sabidos, y resabidos, y atrevidos, como larga y forçosamente lo pruevo con sus maldades, y hechos insolentes, fundados en el poco castigo que han tenido, después que el demonio, a quien adoran, les ganó una Real provisión de la Audiencia de México, con que ataron las manos al segundo, y santo Obispo don Fray Diego de Landa, que los castigava con alguna severidad.

Y por fin y remate puse un caso estupendo de un duende, o demonio, que infestó mi patria muchos años; y últimamente algunos documentos para arrancar esta mala yerva y cizaña de idolatría. Y porque el tercer Obispo don Gregorio de Montalvo relaxó al braço seglar algunos destos idólatras, o porque las ordenanças antiguas de su Magestad para las Indias, y algunas cédulas Reales encargan a los juezes seculares, y Governadores destas Provincias la extirpación de la idolatría, pensaron, y pretendieron hazerse juezes deste pecado: cuyo conocimiento privativamente según derecho, y Bulas Apostólicas pertenece al Obispo, y sus Vicarios.

Y en este informe verán los juezes seglares el desengaño de los temores, con que davan el auxilio que deven dar liberalmente sin conocimiento alguno de procesos para la prisión y captura destos idólatras, atendiendo a la descomunión de una Bula de nuestro muy santo Padre Iulio III, que se halla al fin del Repertorium Inquisitorum, «Repertorio de Inquisidores», con que cessará la competencia que duró muchos años, sin acabar de concluirla los pareceres de los hombres doctos, que le dieron en mi tiempo.

Y el mío fue tan poco estimado, que solo esto bastó a desanimarme en su prosecución, y impressión: mas no puede faltar lo que dixo Christo nuestro Redentor: Nemo Propheta in patria, «Nadie es profeta en su patria»; pero el amor della, y la caridad Christiana, y la lástima de tantos ciegos idólatras, que a vista de ojos se van al infierno, basta a mover un pecho Christiano a procurar su remedio: Quia vnicuique mandatum est de proximo suo. «Y mandó a cada uno de ellos que tuviese cuidado de su prójimo» (ECCLES. cap. 17), como lo procuran los Religiosos de la Compañía de Iesús en la Ciudad, y Arçobispado de Lima, donde está la idolatría más solapada, y con mas raízes que en Yucatán, como se puede ver en el libro del P. Pablo Ioseph de Arriaga impresso el año de 1621 (otro Pablo entre las gentes) y el averle leído muy pocos días antes del despacho deste informe al Impressor no me dio lugar de citar los capítulos, que hazen a mi propósito; pero basta citar al Autor, y todo el libro, que parece se escrivió para corroboración deste informe, y para confusión de los juezes Reales, que con tanta tibieza ayudan a esta estirpación; muy al revés del zelo de los dos Virreyes de Lima el señor Conde de Montesclaros, y el señor Príncipe de Esquilache.

Allá veremos el premio en el Tribunal supremo de Dios N. S. y el castigo también de los que contradizen a los juezes Eclesiásticos y el de los idólatras se empieza a ver con la persecución de tantas langostas, que les destruyeron sus comidas los años passados; y un huracán sobre todo, de que me han avisado.

Quiera la divina Magestad alumbrarlos con semejantes amagos de su gran misericordia, y conformar las cabeças, a cuyo cargo está el procurar la salud espiritual, y temporal desta ciega gente, y despertar a los Ministros y Curas para que velen como Pastores. En cuyos sacrificios me encomiendo, suplicándolo como a hermanos y paisanos, me hagan partícipe dellos, y a todos que tilden mis faltas, y las borren, perdonándomelas; pues mi deseo ha sido solo servirles sin lisonja ni ánimo de ofender a nadie, ni a la verdad, que es Dios.

También pudiera aprovecharme mucho del libro del Padre Ioseph de Acosta de la Compañía de Iesús, intitulado, De procuranda salute Indorum, que vino tarde a mis manos en esta Ciudad de la Plata, en el cual se verán otros mejores y más eficaces documentos para la extirpación de idolatrías. Remítome a él, y a la corrección y censura de nuestra santa Madre Iglesia, y al parecer del que mejor sintiere. Vale. Desta Ciudad de la Plata, Provincia de los Charcas, en el Pirú en 1.º de enero de 1636 años.

Doctor don Pedro Sánchez de Aguilar.

Informe contra los adoradores de ídolos

Una cuestión

¿Puede el Obispo de Yucatán, aprehender, encarcelar y azotar, sin el auxilio del brazo secular, a los Indios de esta Provincia, que adoran a los ídolos? ¡Señor! Levántate y juzga tu causa

No se reciba a mal,[1] que primeramente invoque, según lo acostumbra la santísima Inquisición, el nombre de Cristo para tratar esta cuestión, en que se versa en sumo grado la causa de Dios, como es propagar la Fe y extinguir de raíz entre los habitantes del reino yucateco la herejía, cual es la detestable idolatría. En efecto, se opone al Dios Óptimo y Máximo este horrendo pecado, de tal suerte, que para combatirlo no son suficientes las humanas fuerzas, es preciso todo el divino auxilio.

Así nos consta puesto que a nuestros padres los Apóstoles y discípulos del Señor para que pudieran predicar el Evangelio al mundo se les infundió la gracia del Espíritu Santo, como previa disposición para tener fuerza, valor y celo.[2] Preparados, robustecidos y favorecidos así, nuestros santos padres brillaron ante los príncipes y potentados de este siglo; disiparon la ceguera y tinieblas de otros adoradores idolátricos y confirmaron la Fe, que habían recibido de Cristo, con la efusión de su sangre y con multitud de milagros.

Adora solo a Dios

Por consiguiente, confiado yo en ese auxilio y gracia, he emprendido tratar esta cuestión por creer que sirvo a Dios Óptimo y Máximo, a nuestro católico monarca Felipe, y a mi patria, teniendo presente aquella sentencia del Filósofo que «no nacemos solo para nosotros» pero más particularmente aquello que dice Graciano: (Cap. XXIV, q. 1, sobre nuestras obligaciones) «Ni podemos callar ni tenemos libertad de ocultar en razón de nuestro

---

1   Se ha intercalado este título, que falta en el original, para mayor claridad.
2   Bien sabemos lo que eran los doctores de la Iglesia antes de la venida del Paráclito, y la fortaleza que tuvieron después, según dice S. Gregorio Papa en la Homilía 30, sobre el capítulo 15 del Evangelio de San Juan.

ministerio, que estamos obligados como nadie a promover el aumento de la Religión de Cristo».[3]

Si loable es comunicar lo que mira a la caridad, conforme a lo que se lee en el cap. VII, v. 13 del libro de la Sabiduría: «lo que yo aprendí sin ficción, lo participo sin envidia y no escondo los bienes de ella»; mucho más lo será predicar cuanto mira a la defensa de nuestra Fe Católica, puesto que de los labios sacerdotales el pueblo oirá la explicación de la Ley, como depositarios de la ciencia (Malaq. II, 7) y que no debe despreciarse cuanto los ancianos sabios contraen (Eccli. VIII. 9).

Proposición

Antes de responder la cuestión deben ponerse cinco argumentos en contra, después diez fundamentos en su favor, dos conclusiones que de ellos se originan, sus pruebas, y hasta entonces contestaré a los argumentos; como conclusión satisfaré a la cédula de 1605 y pondré diez y seis remedios contra la idolatría.

Sobre todo, me sujeto a la corrección de la Santa Madre Iglesia; protesto además, contra lo que a alguno parezca, que no trato de atropellar a la autoridad, poder y leyes de nuestro invictísimo y católico monarca Felipe, las cuales son invulnerables y por lo mismo las dejo que se observen inviolablemente; mas impulsado por «el celo de la casa del Señor que de mí se ha apoderado, y los ultrajes de aquellos que le improperan han recaído sobre mí» (Ps. LXVIII, 11); por tanto, con toda libertad, diré sobre esta materia lo que he visto desde mi niñez en esta diócesis y los derechos y reales cédulas que he leído.

En contra de la cuestión indicada sea:

El primer argumento

El obispo o su Vicario no pueden aprehender ni encarcelar a personas seculares, porque no son sus súbditos en lo temporal. Es así que los Indios son personas seculares y no están sujetas al obispo. Luego no puede aprehenderlos ni encarcelarlos.

---

3   No escondí en mi corazón tu justicia: mostré tu verdad y tu salvador Salm.39, 11. Porque no he rehusado anunciaros todo lo que Dios quiere que diga para vuestro bien y salvación. Hechos Apost. XX, 27.

La menor se prueba con las leyes de este reino (Recopilación, ley 14 y 15, Tít. I, lib. IV).

El segundo argumento

Más fuerte es éste: La suma autoridad eclesiástica que la Sede Apostólica concedió a nuestro rey Felipe para la conversión de los indios, fue porque le consideró como verdadera y real columna de nuestra Fe Católica y autor de la misma conversión, conforme a la que el doctísimo Fr. Manuel Rodríguez enseña en sus cuestiones (quaest. 35 art. 2 tom. I.)[4]

Es así que por la siguiente real cédula, y por otra disposición que después se verá, se prohíbe a los Obispos aprehender a las personas legas sin el apoyo del brazo secular, luego en las Indias la jurisdicción episcopal está determinada o limitada, y no pueden aprehender por propia autoridad a personas legas.

Cédula que ganó Don Gregorio de Funes, sobre el absolver a reinsidencia, año 1599 insertas las Leyes del Reyno

EL REY. Don Diego Fernández de Velasco, mi Governador de Yucatán, o a la persona a cuyo cargo fuere el govierno della: Sabed, que por las leyes 14 e 13 del libro 4 de las leyes destos mis Reynos, tit. 1 esta proveído, o ordenado lo siguiente. «Porque assí como nos queremos guardar su jurisdición a las Iglesias, y a los Eclesiásticos juezes, assí es razón y derecho, que la Iglesia, y juezes della no se entremetan en perturbar la nuestra jurisdición Real. Por ende defendemos, que no sean ossados de hazer execución en los bienes de los legos, ni prender, ni encarcelar sus personas, pues que el Derecho pone remedio contra los legos que son rebeldes en no cumplir lo que por la Iglesia justamente les es mandado, y enseñado; conviene a saber que la Iglesia invoque la ayuda del braço seglar.

Otrosí cerca de las execuciones, y prisiones que algunos juezes Eclesiásticos presumen de hazer en personas legas, y cerca del poner Fiscales.

---

4   En la Bula del Papa Alejandro VI (Mayo 4 de 1493) se leen estas palabras: queráis y debáis con ánimo pronto y zelo de verdadera Fe inducir los pueblos que viven en las tales islas y tierras que reciban la Religión Christiana. La cual trae Fr. Manuel en su compendio de Bulas.*
    *También puede verse en la *Política Indiana de Solórzano*, L. I cap. X, págs. 24, 25 y 26. En Hernáez Colección de Bulas, T. I, pág. 12. (N. del T.)

Mandamos, que se guarden las leyes del señor Rey don Iuan, nuestro bis-abuelo, y la ley hecha en Madrigal por el Rey, y Reina Católicos nuestros señores abuelos, que sobre ello hablan, y las otras leyes de nuestros Reinos, que cerca dello disponen.

Y para que aquellas ayan mejor, y mas cumplido efeto, mandamos a qua-lesquiera Fiscales, y Alguaziles executores, que agora son, y serán de aquí adelante de cualesquier Prelados, y juezes Eclesiásticos destos nuestros Reynos y Señoríos, que ninguno dellos pueda prender, ni prenda a ninguna persona lega, ni hagan execuciones en ellos, ni en sus bienes por ninguna causa, y a cualesquier Escrivanos, y Notarios que no firmen, ni signen, ni den mantenimiento, ni testimonio alguno para lo susodicho, ni para cosa alguna tocante a ello. Salvo, que quando los dichos juezes Eclesiásticos quisieren hazer las tales prisiones, y execuciones, pidan, y demanden auxilio de nues-tro braço Real a las dichas nuestras justicias seglares, los quales lo impartan quanto con derecho deban.

Lo qual todo mandamos a los Provisores, y Vicarios, y juezes Eclesiásticos, que guarden y cumplan según, y como en esta nuestra ley se contiene, so-pena de perder la naturaleza, y temporalidades que tienen en estos nuestros Reinos, y de ser avidos por agenos, y extraños, dellos, y a los dichos Fisca-les, y Alguaziles, y otros Executores, y Escrivanos, y Notarios, y a cada uno dellos, que lo contrario hizieren, que por el mismo caso les sean confiscados todos sus bienes para nuestra Cámara, y Fisco, y sean desterrados perpe-tuamente destos nuestros Reinos, y Señoríos.

Y damos licencia y facultad, y mandamos a las nuestras justicias, y a qua-lesquier nuestros súbditos, y naturales, que no consientan, ni den lugar a los dichos Fiscales y Executores que hagan lo susodicho antes, si fuere menes-ter, les resistan. Y mandamos, que lo susodicho aya lugar sin embargo de qualquier costumbre que se alegue, si la ha avido; porque aquella ha sido sin nuestra ciencia, y paciencia.

E agora don Gregorio de Funes, Procurador general de la ciudad de Mé-rida dessa Provincia, me ha hecho relación, que de la dicha ciudad a la de México, donde reside mi Audiencia Real della, y está sujeta la dicha Provincia, ay de distancia cerca de 300 leguas; y sucede muchas vezes, que los Prelados, e juezes Eclesiásticos de la dicha Ciudad, e Provincia proceden contra las justicias seglares, y otras personas dellas con censuras, y execuciones. E aunque apelan, e procuran llevarlo por vía de fuerça a la dicha Audiencia, por aver la dicha distancia, e peligroso camino, no pueden ir todas vezes a seguir su justicia, e assí reciben muchos agravios, e consienten las sentencias que los dichos juezes Eclesiásticos dan, por no estar descomulgados.

E que aviendo constado desto a la dicha Audiencia, dio provisión, e sobrecarta della para que los juezes Eclesiásticos de la dicha Provincia en todos los negocios, assí de oficio, como entre partes, que ante ellos pendiesse, e de que se apelasse para la dicha Audiencia, otorgassen las apelaciones, para que libremente las pudiessen seguir. Dentro de noventa días después que fuessen requeridos, y se interpusiessen las dichas apelaciones, embiassen los processos a la dicha Audiencia con persona de confiança, para que en ella se viesse si hazía fuerça, e si no, se le remitiesse, lo qual no se ha guardado; e que don Gregorio de Montalvo, Obispo que fue dessa dicha Provincia, quando fue al Concilio, que se celebró en la dicha ciudad de México, procuró se revocasse la dicha provisión, de que han resultado muchos inconvenientes dignos de remedio.

Suplicándome atento a ello, mandasse, que sin embargo de lo sobre dicho se guardasse, e que el Obispo, y sus Provisores otorguen libremente las apelaciones que dello se interpusiere, e absuelvan a reincidencia los excomulgados con término de seis meses, e embíen luego los processos a la dicha Audiencia, para que en ella se vea si hazen fuerça, o no. E que las prisiones que a Españoles se hizieren, sean con tratamiento, y carcelería conforme a la calidad de sus personas, e a la que se le diera, si estuvieran en la cárcel Real, por la molestia que en esto reciben. E aviéndose visto en mi Real Consejo de las Indias, juntamente con ciertos recaudos, que en el se presentaron, he tenido por bien de mandar dar esta mi cédula.

Por la qual vos mandamos, que veáis las dichas leyes suso incorporadas, e las guardéis, y cumpláis, e las hagáis guardar, cumplir, y executar en essa Provincia en todo, y por todo, como en ellas se contiene, e declara. E que contra ella no vais, ni passéis, ni consintáis ir, ni pasar en manera alguna, que assí es mi voluntad. Fecha en Barcelona a doze de Iulio de mil y quinientos e noventa y nueve años. YO EL REY. Por mandado del Rey nuestro Señor. Iuan de Ibarra. Y a las espaldas están cinco rúbricas unas diferentes de otras, que parecen ser de los del Real consejo.

También aparece en otra Cédula, que al Gobernador de esta Provincia se le encarga el conocimiento de la idolatría; y es la siguiente:

Cédula que ganó Don Gregorio de Funes, para que los Idólatras fuessen castigados, en que parece se comete al Governador desta Provincia

EL REY. Don Diego Fernández de Velasco, mi Governador de la Provincia de Yucatán, o a la persona a cuyo cargo fuere el govierno della, don Gregorio de Funes en nombre, y como Procurador general de la ciudad de Mérida dessa Provincia, me ha suplicado mandasse proveer lo contenido en la petición de las dos hojas antes desta firmada de Gabriel de Oa, mi criado, que es copia de la que el dicho don Gregorio de Funes ha presentado en mi Consejo de las Indias, sobre cosas en que los Indios de la dicha Provincia reciben agravio. Y porque quiero saber lo que ay, y se puede, y conviene proveer en todo, y cada cosa dello, os mando, que aviéndolo mirado, y considerádolo, me embíes muy particular relación dello con vuestro parecer, para que visto, se provea lo que mas convenga.

Y en el entretanto procuréis, y haréis, que los dichos Indios no reciban daño, ni perjuizio en las cosas contenidas en la dicha petición. «Y con muy particular cuidado y diligencia procuraréis remediar lo que toca a la idola-tría, como más convenga al servicio de Dios nuestro Señor, pues veis de la importancia y consideración que es»; y de todo lo que proveyéredes, me avisaréis en la primera ocasión. Fecha en Barcelona a veinte y ocho de Iunio de mil y quinientos y noventa y nueve años. YO EL REY. Por mandato del Rey nuestro Señor. IUAN DE IRABBA.

Con motivo de esta cédula y de la otra que antes mencioné (pág. 195) de nuestro Emperador Carlos V, tal vez los gobernadores de esta Provincia creyeron que se les encomendaba el conocimiento de las causas contra la idolatría, no atendiendo que real y verdaderamente es causa ecleslástica, pues nuestro católico monarca, impulsado por un cristianísimo celo, en di-chas Cédulas solo indica que la idolatría sea extinguida conforme a lo que dispone el Derecho, incitando para esto a sus jueces a que se castigue y a que presten auxilio.

Tercer argumento

Los indios están recién convertidos a nuestra Fe Católica, por lo mismo son como plantas sin raíz, como párvulos en el conocimiento profundo de lo que mira a nuestra religión: es así que nuestro rey Felipe manda que estos recién convertidos sean tratados como plantas tiernas y como párvulos, luego no deben ser castigados según la gravedad de los delitos, ni juzgados conforme al rigor del Derecho, luego los Obispos ni deben aprehenderlos ni castigarlos.

Véase el libro de Cédulas fol. 55 y 56. Estas disposiciones de nuestro católico rey se cree que emanaron el año de 1530, así se dirige a los corregidores y gobernadores.

Ordenança del año de 1530

«Otrosí se informen si algunas personas dizen en la ciudad, o sus comarcas cosas de por venir, o otras cosas semejantes, o si son adivinos, y los que hallaren culpantes, luego los prendan los cuerpos, y tengan presos y castiguen; y los Clérigos notifiquen a sus Prelados, y Juezes Eclesiásticos, para que ellos lo castiguen.

Pero si destos fueren Indios naturales, tengan manera como los refrenar dello por agora, con amonestamientos, cominaciones, sin castigarlos por ello en sus personas, y bienes, y dello nos informe con lo que os pareciere que se deve guardar adelante, para que mandemos proveer lo que convenga. Datum anno 1530».

Otra ordenança del año de 1530

«Et fol. 56. Otrosí vos encargamos, que quando hallaredes, que algunos Indios adoraren ídolos, y les hizieren sacrificios, o siendo ya Christianos, se casaren con otra muger, viviendo la primera, y el marido assimismo que los apartéis dello, y los amonestéis; y si amonestados dos vezes, no se apartaren dello, que castiguéis a algunos dellos, para que los demás tomen exemplo, y lo que assí passare, lo refiráis al Presidente, y Oydores. Datum anno 1530».

Por consiguiente los indios están exentos de castigo. «Sin castigarlos por ello, y los amonestéis y castiguéis algunos de ellos». Luego no deben castigarse por considerarse como menores.

También se prueba la menor, porque los delitos cometidos por párvulos o menores, o no merecen castigo o si se aplica alguno es el menor, y por otros capítulos del Derecho se perdonan los delitos de los menores, luego los delitos de los indios, que se consideran como menores, no deben castigarse, y en causas de Fe debe imponérseles una pena menor (conforme a lo que se ve en el «Repertorio de inquisidores» palabra POENA ut extra de poenit et remi. cap. Deus qui 12 dist novit et 35 quaest. 3 et Hostier. in d. cap. Deus qui dicit que debe dejarse la severidad por la novedad) y el mismo Hostier en otro cap. Deus qui, donde trata de dicha novedad, luego a los indios recién convertidos no se les debe castigar.

Cuarto argumento

Los indios recién convertidos son incapaces de dolor, ignorantes, rústicos, bárbaros. Es así que sus delitos por estas causas son excusables, luego no deben ser castigados sus delitos según el rigor del Derecho y por lo mismo no se les debe encarcelar, etc.

La menor se prueba con el cap. super litteris, de rescript. cap. inter corporalia, de translat. Proelat, cap. cum universorum, de rer. permut. et cap. tanta 86. dist por lo que se refiere claramente que a los rústicos y simples se les debe perdonar. Hay que atender a la calidad de las personas en sus dichos y hechos según el lib. I cap. si quis imperat maledixi.

Quinto argumento

Si se procediera, según previene el Derecho, contra los indios idólatras se les debería entregar al brazo secular para que se les impusiera la última pena, y los quemaran. Es así que los demás infieles al ver semejante castigo, no querrían abrazar nuestra Fe justamente aterrorizados, luego deben ser castigados con una pena más benigna para que no suceda lo contrario de lo que se pretende. Este argumento tiene su fuerza porque tiende a evitar inconvenientes.

Primer fundamento de la cuestión

Conforme a lo que dije, debo antes tratar de los fundamentos y sea este el primero: Los indios de esta Provincia de Yucatán, fueron reducidos a la Fe poco más o menos en 1540 con derrame de sangre de los españoles (vulgarmente llamados conquistadores), en cuya época, según he sabido por los ancianos, unánimente y con la mejor disposición recibieron la Fe dejando la idolatría con espontaneidad, y de sus nietos y bisnietos que todavía viven, ninguno o pocos hay a quienes actualmente se les pueda llamar neófitos o primeros cristianos; ni existen indios de toda esta península que no hayan abrazado nuestra Fe, exceptuando únicamente a los que habitan la laguna llamada Tahytzá, a donde nadie puede llegar, y son considerados como desconocidos, apartados, y solo por la tradición de nuestros mayores conocemos, como también por los escritos del real cronista Antonio de Herrera, a quienes el invictísimo capitán Don Fernando Cortés visitó y después de él nadie más, ya por haberse perdido el camino, ya por lo retirado y encontrarse en la densidad de los montes.

Segundo fundamento

Hacia el año de 1550, poco más o menos, unos indios de esta Provincia, aunque no todos, abandonaron la Fe y se volvieron a la idolatría; Fr. Diego de Landa, apostólico varón, poderoso en hechos y en palabras, siendo Custodio de su orden y gozando de episcopal jurisdicción, en virtud de la Bula OMNÍMODA del Romano Pontífice Alejandro VI y de otros Breves, por no haber todavía Obispo en esta diócesis, impulsado de celo divino se levantó contra estos, cual otro Matatías (Macabeos II), destruyó los altares de los ídolos, aprehendió a los que los adoraban, los azotó y los encarceló, y cuanto pudo él y sus compañeros (cuyos nombres, escritos están en el Libro de la vida) extinguieron con todo vigor y esfuerzo este pecado, de modo que por algunos años se apoderó el temor de los indios, y no solo abandonaron la idolatría, sino además las bebidas (Balche) que tomaban en sus libaciones.

Tercer fundamento

Debe saberse que algunos de los nuestros se dirigieron a nuestro Rey y a su Real Consejo para tratar o arreglar sus asuntos, y además acusaron al Custodio Fr. Diego de Landa, diciendo algo sobre su modo de obrar, que se encruelecía contra los indios, encarcelándolos, azotándolos, atormentándolos y cosas semejantes: en vista de esto fue llamado por el católico rey, según dicen, o por su propio grado; al punto se dirigió a España, dio razón suficiente de cuanto le calumniaban; en esta época fue creado obispo Fr. Francisco Toral,[5] y a su muerte dicho monarca condecoró justamente con el cargo episcopal a Fr. Diego de Landa que aún residía en España, y por el espacio de diez a doce años, gobernó con toda santidad esta Iglesia. Algunos indios de esta Provincia temiéndole, obtuvieron obrepticia, o subrepticiamente con ayuda de los encomenderos que los apoyaron con sus escritos, la cédula siguiente de la Audiencia de México.

Provisión de la Real Audiencia de México inserta una cédula, para que los religiosos no tengan cepos, ni cárceles

Don Felipe por la gracia de Dios Rey de Castilla, &c. A vos el Reverendo in Christo Padre fray Diego de Landa, Obispo de las Provincias de Yucatán, del nuestro Consejo; e a fray Gregorio de Fuente-ovejuna, Religioso de la Orden de S. Francisco, y a los demás Vicarios, y Religiosos de la dicha Orden de las dichas Provincias, y a cada uno de qualquiera de vos, a quien esta mi carta fuere mostrada, salud y gracia.

Sepades, que en la nuestra Audiencia, Corte, y Chancillería, que reside en la ciudad de México de la nueva España, ante el Presidente, e Oidores della pareció Rodrigo Franquez vezino de la ciudad de Mérida dessas dichas Provincias en nombre de Francisco May Cacique del pueblo de Campeche, y de Pablo Qui, Gobernador del dicho pueblo, y de Iuan Canche, Teniente de Governador del dicho pueblo, y de los demás Caziques, y Governadores, Alguaziles, y Principales de los pueblos de Indios de la dicha villa, que son los pueblos nombrados, Calqini, Itbalche, y Spocomuch, Pocoboc, y Tenabo, y Quiciche, y Axcaba, y de los demás pueblos; y por una petición se querelló

---

5   El primer obispo de esta Provincia fue Fr. Francisco Toral, y después de él Fr. Diego de Landa.

criminalmente de vos, que el dicho fr. Gregorio por mandado de vos el dicho Obispo avía ido «a visitar los pueblos de la dicha villa, y sin culpa, y razón alguna en todos los dichos pueblos que avía llegado, avía fecho muchos castigos»[6] a los Governadores, Tenientes, Caciques, Alguaziles mayores, y menores, Alcaldes, y otros Oficiales, por dezir, que estavan amancebados, y otros porque se avían emborrachado, o bevido vino, los avían metido en cárceles y cepos, y después los sacava dellos, y públicamente los mandava arrimar las varas de la nuestra justicia que tenían, y les mandava dar a cada uno con una diciplina de quatro ramales cien açotes, que por cuenta eran quatrocientos açotes, sin tener misericordia de los Indios, les mandava poner al cuello sartas de cuernos, e otros emplumados con miel y plumas, y avía hecho, y hazía otros muchos castigos, de que redundava, que los pueblos de indios se avían alborotado, y se avían querido ir a los montes, viendo los crueles castigos que el dicho fraile hazía, e porque Pedro de Medina, su defensor, le avía requerido no lo hiziesse, le avía hecho quitar el cargo de defensor.

Y demás desto el dicho fraile por vuestro mandado les avía hecho otros muchos castigos, e afrentas; e assí lo avía hecho en todos los demás pueblos, donde avía ido, haziéndoles otros malos tratamientos, «sin aver cometido delito alguno».[7] De todo lo qual avía dado noticia al nuestro Visorrey, y Audiencia, y sobre ello no se avía proveído en su favor cosa alguna; y si lo susodicho no se remediava con brevedad, que cada día «por vos serían maltratados, vexados, y molestados. Demás que vos el dicho Obispo al presente queríades visitar las dichas Provincias, y si las visitássedes, los dichos Indios estavan atemorizados, e assombrados de los castigos que el dicho fraile les avía hecho, e los que vos el dicho les haríades, por ser severo»,[8] que están en término de irse a los montes, si por nos no se ponía remedio en lo uno, y en lo otro; y los dichos Indios eran menores, y faltos de entendimiento, y convendría, que el remedio se proveyesse luego, como de todo «lo susodicho» costava por ciertos testimonios, e cartas, de que hazía presentación,[9]

---

6   Esto es falso.
7   Esto es falso.
8   Temor falso o fingido de los indios.
9   Quizá estas cartas fueron de los nuestros, que llaman encomenderos, que se atemorizaron
      de perder a los que tenían su cargo.

que nos pedía y suplicava mandássemos proveer en el caso lo que más conviniesse a nuestro servicio, aumento, y conservación de las dichas Provincias, de manera que los dichos Indios no fuessen tan gravemente molestados por vos el dicho Obispo, e frailes, antes fuessen amparados como menores, y faltos de entendimiento; e como a nuestros vassallos, «Dando para ello las provisiones que conviniessen, y no os entremetiéssedes en castigarlos como hasta aquí»;[10] o que sobre ello proveyéssemos, como la nuestra merced fuesse.

Lo qual por los dichos Presidente, e Oidores visto, por quanto cerca de lo susodicho tenemos proveído, y mandado que por ninguna vía lo hagáis, como se contiene por una nuestra cédula Real, dada en Toledo a quatro de Setiembre de mil y quinientos y setenta años, firmada de nuestro Real nombre, refrendada de Iuan Vázquez de Molina, nuestro Secretario; el tenor de la qual es este que se sigue.

Una cuestión

¿Puede el obispo de Yucatán, aprehender, encarcelar y azotar, sin el auxilio del brazo secular, a los Indios de esta Provincia, que adoran a los ídolos?

Continúa

Cédula Real. Que no tengan cepos los religiosos, año 1570

EL REY. PRESIDENTE, E OIDORES de la nuestra Audiencia Real, que reside en la ciudad de México de la Nueva-España, a Nos fue hecha relación, que los Religiosos de las Órdenes de S. Francisco, Santo Domingo, S. Agustín, que en esta tierra residen, tienen en sus Monasterios cepos para poner en ellos Indios, e Indias que quieren, e los aprisionan, e açotan por lo que les parece. «E les trasquilan, que es un género de pena que se suele dar a los Indios», lo qual ellos sienten mucho.[11] E porque no conviene, que los dichos Religiosos se metan en cosas semejantes, os mando, que luego que esta veáis, proveáis, que los Religiosos que en essa tierra viven, no se

---

10 Esto es sin pedir el auxilio secular en los casos previstos por el derecho; por esto se ve que el poder eclesiástico no lo quita nuestro católico rey, sino más bien se le auxilia.

11 Esta especie de castigo toma origen del texto en el cap. de Benedicto 32 q. 1, contra los adúlteros y trasquiladores.

entremetan a echar en sus Monasterios, ni en otra parte alguna prisiones a los Indios, e Indias, que en ella vivieren, ni tengan cepos para los echar en ellos,[12] ni los trasquilen, ni açoten: e para que assí se cumpla, lo ordenéis como viéredes más convenir, e de como se huviere fecho, nos daréis aviso. Fecho en Toledo a quatro de Setiembre de mil y quinientos e setenta años. YO EL REY. Por mandado de su Magestad, Iuan Vázquez.

E porque nuestra merced y voluntad es, que lo contenido en la dicha nuestra cédula se guarde, e cumpla, fue acordado, que devíamos mandar dar esta nuestra carta para vos en la dicha razón, e nos tuvímoslo por bien: por lo qual vos rogamos, y encargamos, que luego que vos fuere mostrado, veáis la nuestra cédula, que de suso va incorporada, e la guardéis, e cumpláis, e hagáis guardar e cumplir en todo y por todo, como en ella se contiene, e contra su tenor, e forma no vais, ni passéis por alguna manera: e mandamos al que es, o fuere nuestro Governador de las dichas Provincias de Yucatán, o a sus Lugartenientes, e otras qualesquier nuestras justicias dellas, que so pena de la nuestra merced, e quinientos pesos de oro para la nuestra Cámara tengan especial cuydado de la guarda, y cumplimiento de lo susodicho, e que no consientan, ni permitan, ni den lugar a que por ninguna vía tengan las dichas cárceles, prendáis, ni trasquiléis, ni açotéis a ningún Indio, ni otras cualesquier personas lo hagan por vuestro mandado, «ni usurpen nuestra juridición Real».[13] Y si de presente tuviéredes algunos Indios presos, los hagan soltar de la prisión, en que están, libremente; assimismo los que huviéredes penitenciado, e de lo que assí se hiziere, me hagan relación dentro de cien días primeros siguientes después que los fuere notificado.

Dada en la ciudad de México a 12 días del mes de Agosto de mil y quinientos y setenta y quatro años. Don Martín Enríquez. El Doctor Pedro Farfan. El Doctor Lope de Miranda. El Doctor Francisco de Sandi. El Doctor Carcamo. Yo Gordian Casasano escrivano de Cámara de la Audiencia e Chancillería Real de la Nueva España por su Magestad, la fize escrivir por su mandado, con acuerdo de su Presidente, e Oidores. Registrada Iuan Serrano. Chanciller. Gaspar de Heredia, «sacada de la Real provisión de manda-

---

12 Tan solo prohíbe que los religiosos tengan cepos; pero no los jueces eclesiásticos.
13 Vt in cap. 20. Praetorum in l. 14. tit. 1. lib. l. 5. tit: 1: lib: 4: Recopil.

miento del señor Mariscal, Governador, y Capitán general por su Magestad» en estas Provincias, para que los Governadores de los pueblos desta governación la guarden y cumplan. FRANCISCO DE SANABRIA escrivano de su Magestad.[14]

Esta real disposición,[15] aunque santa y justa según el Derecho común y en apoyo de la jurisdicción del rey, como es evidente «ni usurpen nuestra jurisdicción», para que ni se turbase ni prescribiese por los ministros eclesiásticos; sin embargo en aquel tiempo perjudicó mucho en virtud de las costumbres y de la triste y lamentable condición de la cristiandad de los indios, en tanto que dicha jurisdicción se ampliaba a los jueces reales para que no fueran aprehendidos los indios, en caso de herejía o idolatría sin su auxilio, cesando de ser castigados por espacio de cuarenta años, creyéndose que ni el obispo mismo ni los jueces eclesiásticos podían aprehender ni encarcelar a los indios idólatras si no contaban con el auxilio del brazo secular.

En dicha provisión y Real Cédula no se menciona la idolatría, como tampoco en el escrito del que la solicitó; ocultando la verdad, por esto es verdaderamente obrepticia o suprepticia, acusando falsamente tanto al obispo como a su Comisario de que procedían sin que hubiese delito, «sin haber cometido delito alguno». Semejante cosa ni puede creerse ni presumirse del obispo Fr. Diego de Landa ni de ningún sacerdote, sino debe atribuirse a sugestión del demonio, cuya causa, honor, poder y principado de tinieblas se destruía, pues tenía el celo y severidad del obispo, como desde luego se descubre por la relación. «E los que vos el dicho obispo les haríades por ser severo».

Cuarto fundamento

Debe igualmente recordarse que cuando el doctísimo Fr. Gregorio Montalvo desempeñó el cargo episcopal, unos indios fueron aprehendidos porque cometían este pecado (LA IDOLATRÍA), y se les encarceló y azotó sin el auxilio del brazo secular; yo los vi en el pueblo de Tizminac pues era familiar de dicho obispo, y con mis propias manos rompí los ídolos, los hollé, y por su orden los restos fueron arrojados al lago; en ese año (1583) desempe-

---

14 Causose con esta diligencia gran escándalo entre los indios.
15 Esta real provisión mucho perjudicó a la cristiandad de los indios.

ñaba el empleo de Visitador de esta Provincia el doctor Diego de Palacios, oidor de la real Audiencia de México, quien también mandó que azotaran a muchos indios idólatras y salieron desterrados a los reales presidios de La Habana y de San Juan de Ulúa.

Con este motivo, algunos gobernadores de esta Provincia disputaban al obispo el conocimiento de esta causa, creyendo que les incumbía en virtud de una Cédula de nuestro católico Emperador, la cual muchísimas veces leí y ahora no encuentro; en ella el cristianísimo monarca recomendaba al gobernador de esta Provincia la extirpación de la idolatría; pero no le autorizaba el conocimiento de este asunto, porque es enteramente eclesiástico.

Quinto fundamento

También debe tenerse presente que Fr. Juan Izquierdo, sucesor del Sr. Montalvo en el obispado, obró lo mismo; que tuvo con Don Diego Fernández de Velasco,[16] Capitán general por el Rey, algunas cuestiones sobre la aprehensión de los indios idólatras, las cuales me mandó que expusiera ante el real Consejo de Indias cuando desempeñé en Valladolid el año de 1602 el cargo de Procurador en favor de la clerecía de este obispado, pero que no pude concluir absolutamente por haber regresado a poco a las Indias; pero habiendo sido indignamente nombrado Vicario general el año de 1603 en la Sede Vacante, escribí a nuestro católico rey sobre esta materia lo que Dios me inspiró, relatando con verdad y sin ningún engaño que en aquel tiempo los indios se desenfrenaban mucho y caían en la idolatría por la suma paciencia de los obispos y por el leve castigo que se les imponía. Me contestó nuestro católico rey, con la siguiente cédula.

Cédula Real, que informe el Obispo sobre la idolatría, año 1605

EL REY. Reverendo in Christo Padre Obispo de Yucatán, del mi Consejo, por carta del Doctor Pedro Sánchez de Aguilar he entendido que en muchos pueblos de Indios desse Obispado ay algunos dellos culpados en idolatrías; y aunque los Ministros assí Clérigos, como frailes, tienen gran cuidado en

---

16 Este gobernador creyó, al ocupar el lugar de Palacios, que debía conocer las causas de idolatría en vista de la real cédula que antes cité: 2 argumento, pág. 25. (Corresponde en esta edición a la pág. 195).

su conversión,[17] e por ser toda essa tierra de montaña espesíssima, y llena de cuevas, donde se ocultan, es muy aparejada para semejantes pecados, y que esta es la causa de estar en ella más arraigada, que en otras la idolatría, y que el castigo, y penitencia que ha visto dar a los que han incurrido en este pecado, siendo bautizados, y hijos de Católicos, es muy leve para tan gran culpa: porque solamente se les han dado cien açotes, y dos o tres meses de servicio en la obra de la Iglesia Catedral desse dicho Obispado,[18] que es causa de reincidir muchos dellos en el pecado, como lo hazen de ordinario; y que aviendo comunicado con personas doctas del remedio, que para evitarlo se podría hazer, ha hallado ser el más útil y necessario castigarlos con mucho rigor;[19] y que si yo no mandasse hazer esto, nunca dexarían a los Dioses, y ritos de sus passados.

Y visto en mi Consejo Real de las Indias, y tratado sobre ello, se acordó se diesse la presente para vos, por la qual vos encargo y mando, que me informéis,[20] si los dichos Indios «desse Obispado idolatran como está referido, y que es la causa de que esto se haga[21] más en essa tierra, que en otras, y si reinciden por el poco castigo que se les da, y que se podría hazer para su remedio», con todo lo demás que se os ofreciere, y ocurriere ser necessario, advertirme, todo ello con vuestro parecer, para que visto, se provea lo que más conviniere al servicio de Dios, y mío. En Ventosilla a veinte y quatro de Abril de mil y seiscientos y cinco años. YO EL REY. Por mandado del Rey nuestro señor. ANDRÉS DE TOVALINA.

En esta Cédula aparece muy clara y evidentemente el celo real para exterminar la idolatría; a la cual contestó el muy sabio y mansísimo obispo Diego de Mercado, después arzobispo de Manila: el Real Consejo quedó informado perfectamente en vista de su relación de la audacia de los indios que despreciando el temor de Dios y de los hombres tomaban sus bebidas llamadas Balche, adoraban a los ídolos en sus casas, cavernas y cuevas, los llevaban procesionalmente en hombros, como se descubrió en la provincia de Bacalar, y yo muchísimas veces los aprehendí estando en 1606 con el

---

17 El autor siempre creyó que los Ministros cuidaban su rebaño.
18 Los idólatras eran castigados con leve pena.
19 El autor creyó debía aumentarse el castigo por este pecado.
20 El autor pidió a la real y católica persona el aumento del castigo.
21 El autor insinúa las causas.

cargo de Vicario Provincial en la villa de Valladolid y sus comarcas, por proceder con lenidad y usar de misericordia con ellos. A la relación del obispo y a otra mía, no faltó respuesta como se ve en la Cédula real siguiente.

Cédula Real, que el Obispo castigue, y extirpe la idolatría como mejor le pareciere

EL REY. Reverendo in Christo Padre Obispo de Yucatán, del mi Consejo, aviendo considerado en mi Consejo de las Indias quanto conviene al servicio de Dios y mío, poner remedio en quanto fuere possible en las idolatrías de los Indios dessa Provincia, que tan arraigadas están, me ha parecido, escriviros la presente:

«Por la qual os ruego, y encargo, que por vuestra parte procuréis con muchas veras escusar estas idolatrías, usando para ello de los medios que os pareciere más convenientes»; y procurando que los Clérigos de las doctrinas sean de las partes necessarias para que hagan el fruto que se pretende. De Madrid a nueve de Diziembre de mil y seiscientos y ocho años. YO EL REY. Por mandado del Rey nuestro Señor.

No será superfluo agregar otra Cédula que por este tiempo se envió, y nos servirá para el feliz logro de esta materia, y es como sigue:

Cédula Real de reprehensión al Governador Don Carlos de Arellano[22]

EL REY. Don Carlos de Luna y Arellano, mi Governador, y Capitán general de las Provincias de Yucatán, he entendido, que os lleváis mal con los Religiosos de la Orden de S. Francisco, y que os entremetéis en despachar mandamientos para todos los Governadores, y Alcaldes de los Indios, para que no den ningún favor, ni ayuda a ningún Religioso ni Clérigo, que quisiere castigar a algún Indio, por qualquier delito que aya cometido, de que resultará el perderles el respeto, y vivir sin ningún miedo; y que assí mismo os entremetéis en hazer informaciones contra los Religiosos, como en efeto lo hizistes contra un Guardián, que açotó algunos Indios porque no oían Missa, ni sabían la dotrina, y a los Alcaldes de los lugares por que lo con-

---

22 Véase otra cédula semejante a ésta, enviada el año del Señor 1543, en el libro de Cédulas impreso en México, pág. 158.

sintieron, los prendistes; y por que quiero saber lo que en todo ha passado, y passa, os mando que me informéis dello con mucha particularidad; «y que en quanto pudiéredes procuréis no dar lugar a que los Indios pierdan el respeto a los Religiosos,[23] y que tengáis toda buena correspondencia con el Obispo dessa tierra», que dello me tendré por servido.[24]

De Madrid a veinte y quatro de Março de mil y seiscientos y nueve. YO EL REY. Por mandado del Rey nuestro Señor. IUAN DE ZIRIÇA.

Sexto fundamento

En este obispado muchísimos padres de la orden de S. Francisco tan doctos como piadosos, que enseñan a los indios nuestra Fe con la integridad de costumbres, constante vigilancia, y además con la doctrina en su mismo idioma; también hay multitud de clérigos diocesanos que con perfección hablan y predican en dicho idioma, de manera que nunca había habido en tiempos pasados tantos y tales ministros y predicadores de indios.

No puede decirse respecto de éstos, lo que el apóstol: «¿CÓMO OIRÁN SI PREDICADORES NO TIENEN?»[25] No son excusables de pecado; ni con justicia se quejarían como párvulos que pidiendo pan no hubiera quien se los repartiese:[26] pues casi todos los ministros tanto religiosos como clérigos, conforme a lo mandado por el Concilio de Trento (sess. 5 cap. 2) explican el Evangelio los domingos y días festivos.

Séptimo fundamento

Todos los indios desde niños aprenden y saben completamente la doctrina cristiana, a saber: la oración dominical, el Dios te salve María, el Credo, la Salve, los diez preceptos del Decálogo, los 14 artículos de la Fe, los pecados mortales, las obras de misericordia, los sacramentos y preceptos de la Iglesia, la Confesión general y demás rudimentos que el mencionado obispo Diego de Landa tradujo admirablemente en idioma de los indios, imprimió,

---

23 Para que no sea vituperado nuestro ministerio.
24 Los obispos son sucesores de los apóstoles, y por lo mismo han de ser tenidos con honor y auxiliados.
25 San Pablo a los Romanos. cap. X.
26 Si yo no hubiera venido, ni les hubiese hablado, no tendrían pecado: mas ahora no tienen excusa de su pecado. S. Juan, XV. 13, 22.

y dichos religiosos han difundido;[27] no hay domingo que antes de la Misa mayor, no los digan en alta voz todos los indios congregados en la iglesia; y los ministros con constancia, les piden razón; los aprenden, los saben y los recitan, sabiendo perfectamente cual es la voluntad de Dios y lo que deben hacer para alcanzar la vida eterna.[28]

Octavo fundamento

En esta Provincia de Yucatán por todos lados, desde el promontorio que los navegantes llaman Cabo de Catoche, hasta lo último, es una y sola montaña plana, pero de tal manera densa y oscura por la multitud de árboles y hierbas, que cualquiera fácilmente puede esconderse y a diez pasos del camino no puede ser visto de los transeúntes; en dichas montañas hay innumerables cuevas, y cavernas entre piedras, donde adoran y esconden sus ídolos los indios; de manera que cualquiera de ellos, con motivo de ir y permanecer en sus sementeras, que solo distan de sus pueblos una, dos, tres o cuatro leguas, según la latitud de los montes, muchas veces se detienen en dichos montes dos o tres semanas, despreciando los días festivos pues no asisten a las Misas solemnes,[29] y convidan a sus amigos y vecinos a la soledad para adorar sus ídolos.

Para sus ritos y ceremonias, beben por voto vino (Balche)[30] que elaboran de la raíz de un árbol especial y de un trigo a propósito: embriagados con él y poseídos de la lascivia, cometen pecados carnales después de los sacrificios y libaciones a los ídolos; todo esto lo ocultan a su párroco o ministro, aunque cuiden como Argos con cien ojos, el rebaño que se les confía; pero Dios Óptimo y Máximo, movido a misericordia; que no quiere se pierdan esas almas a quienes redimió, al derramar en el árbol de la cruz su misma sangre, satisfacer por nuestros delitos, y borrar la sentencia contra nosotros (Pablo), hace que todo se descubra a los Ministros que con celo cristiano

---

27　Ya no os llamaré esclavos, pues el esclavo ignora lo que su señor hace; mas os he llamado amigos porque os he comunicado cuanto he oído de mi Padre (S. Juan, XV). El esclavo que sabe lo que su amo quiere, y no lo ejecuta, es digno de castigo.

28　Esta es la vida eterna, que a ti solo Dios verdadero te conozcan así como a Jesucristo que has enviado, S. Juan, XVII.

29　Los indios, estando en sus sementeras, no oyen misa los días festivos.

30　Consúltese una real cédula prohibiendo a los indios americanos lo mismo con su vino llamado pulque, en la pág. 70 del libro de Cédulas.

vuelan a las montañas inaccesibles, hallan a los indios dormidos, embriagados con el vino: les aprehenden; después que han destruido los ídolos y quemado los altares; los traen a las ciudades; los tratan con misericordia hasta que los sentencian finalmente, oyendo al obispo y a sus oficiales generales; y les perdonan el castigo, como sucedió en 1605 que les aprehendió in fraganti cierto cura (Francisco Ruiz Salvago) en la provincia de Tchmul.

Ahora pregunto en el Señor, ¿cuándo, dónde, y en qué instante puede solicitarse el auxilio del brazo secular? puesto que aquella provincia dista de esta ciudad, donde reside el gobernador, 40 leguas, y la otra llamada Chancenot 50, donde con la gracia de Dios descubrí siendo cura el año pasado de 1606, una cueva de ídolos en el pueblo de Cehac, no lejos de la Iglesia, en la que yo aunque sacerdote indigno celebraba, e ingresando en el Santuario dirigía mis oraciones por los delitos y pecados del pueblo que se me había confiado, donde mis ovejas abandonaban al verdadero Señor y la fuente de aguas vivas, adorando a Astarot y a Baal.[31]

Si el obispo de Chiapas Bartolomé de las Casas, acérrimo defensor de los indios, hubiera visto esto, no dudo que se hubiera portado cual otro Matatías.

Yo destruí sobre sus altares, en el momento, los ídolos con ayuda de cierto capitán indio, don Juan Chan, especialmente siendo tan confirmado en la Fe; aprehendí a los delincuentes, los encarcelé, formé el proceso que remití al obispo Diego de Mercado con el principal que era el maestro o dogmatizante, como puede verse en dicho proceso, cuya copia hecha por el Escribano y por orden del obispo, envié al Real Consejo cuando escribimos acerca del auxilio del brazo secular.

Preguntaba, pues, a dicho obispo que conoce las inaccesibles montañas que hay entre este pueblo de Cehac al promontorio marítimo de Cotoch y Ppole, Çamabac, vulgarmente llamada Bahía de la Ascensión, cuya longitud es de 80 leguas y 40 de latitud, cómo o dónde podría pedir el auxilio del brazo seglar del Gobernador de esta provincia de Mérida, para aprehender en el acto a los delincuentes, particularmente siendo 18, sin las mujeres y niños que se refugiarían a los montes con sus familias, y después en 10 años

---

31 Los sacerdotes, ministros del Señor, llorarán entre el vestíbulo y el altar, diciendo: Perdona, Señor; perdona a tu pueblo. Joel II.

apenas se encontrarían 4 ó 5, en cuyo tiempo morirían en su pecado, o al menos olvidarían lo que ya sabían de la Fe y doctrina católica, y en cuyo caso mejor les fuera no haberla conocido, que abandonarla después. Véase la siguiente cédula:

Cédula contra el Pulque, ques lo propio que Balche

LA REYNA. Nuestro Presidente, e Oidores de la nuestra Audiencia, y Chancillería Real de la Nueva España, y a vos el Reverendo in Christo Padre fray Juan de Zumárraga, Obispo de México. Yo soy informado, que los Indios naturales dessa Nueva España hazen un cierto vino que se llama Pulque, en lo qual dizque en los tiempos que hazen sus fiestas, y en todo el más tiempo del año echan una raíz, que ellos siembran para efeto de echar en el dicho vino, y para le fortificar, y tomar más sabor en ello, con el qual se emborrachan; y assí emborrachados hazen sus ceremonias, y sacrificios, que solían hazer antiguamente, y como están furiosos, ponen las manos los unos en los otros, y se matan.

Y demás desto se siguen de la dicha embriaguez muchos vicios carnales, y nefandos: de lo qual Dios nuestro Señor es muy deservido, y que para el remedio dello convendría, que no se sembrasse la tal raíz; y aunque se sembrasse para otra cosa, que no se echasse en el dicho vino: y nos fue suplicado assí lo mandássemos proveer, o como la mi merced fuesse.

Porende yo vos mando, y encargo, que luego, que veades lo susodicho, proveáis en ello como os pareciere, con tanto que las dichas penas que assí pusiéredes, que no sean pecuniarias; y embiarnoseis relación de lo que cerca desto proveyéredes. Y mandamos, que entretanto que la dicha relación viene, se vee, y provee lo que convenga, se guarde lo que cerca de esto ordenáredes, y mandáredes. Fecha en Toledo a veinte y quatro días del mes de Agosto de mil y quinientos y veinte y nueve años.

Cédula en que se veda el vino a los indios del año 1545

EL PRÍNCIPE. Presidente, e Oidores de la Audiencia, y Chancillería Real de la Nueva España, por parte de Alonso de Herrera vezino dessa ciudad de México (sic), me ha sido fecha relación, que por vos, y por los Prelados, y Religiosos dessa tierra, y por el Cabildo dessa ciudad, viendo que assí convenía al bien de toda essa España, fue ordenado, y mandado, que entre los Indios, ni Españoles, ni otra persona alguna, no se hiziessen vinos de la tierra con raízes, ni los vendiessen en público, ni secretamente, por el grande daño que dellos reciben los dichos Indios, a causa de los poner fuera de sentido, y dar grandes ahullidos y vozes, que estando assí, idolatravan. Y que assimismo fue ordenado, que a Indios, ni Negros, ni Esclavos no se vendiesse vino destos Reynos, so ciertas penas: las quales dichas ordenanças, y demás de ser justas y buenas, convenía, que se guardassen para la grangería de la Cerveza, que él ha de hazer, y haze en essa tierra.

Y me fue suplicado mandasse, que las dichas ordenanças se guardassen, poniendo para ello grandes penas, y para las executar nombrasse una persona, que especialmente tuviesse cuydado dello; porque se dexa a que los Alguaziles de los Indios los executen, nunca lo harán, o como la mi merced fuesse.

Lo qual visto por los del Consejo de las Indias de su Magestad, fue acordado devía mandar dar esta mi cédula para vos, y yo túvelo por bien: porque vos mando que veáis lo susodicho, y proveáis en ello lo que viéredes que más conviene al servicio de Dios nuestro Señor, y nuestro, y bien dessa tierra, naturales della. Fecha en Valladolid a veinte y quatro días de Enero de mil y quinientos y quarenta y cinco años. YO EL PRÍNCIPE. Por mandado de su Alteza. Iuan de Samano.

No será superfluo insertar aquí una cédula, por la cual nuestro Rey, en los primeros tiempos, mandaba que estos indios dispusieran sus pueblos según nuestro modo y forma, lo cual muchísimas veces he pensado que era necesario, especialmente en esta Provincia, porque viviendo lejos del comercio, por hallarse separados se revuelcan en sus vicios, y esto no sucedería si cada casa de los indios estuviera junta en vías amplias, comúnmente llamadas calles, para que los vieran tanto los ministros eclesiásticos como reales, conforme a dicha cédula (lib. de Cédulas, pág. 77).

Cédula, que los Indios vivan en calles

Vi lo que dezís por quatro capítulos de vuestra carta cerca de la desorden, y mala maña de policía que tienen las poblaciones dessa tierra, por estar muy dispersas, y derramadas, que algunas dellas se estienden a quatro y a cinco leguas; y desta causa no se puede tener cuenta con ellos de lo que hazen en sus retraimientos para obviar a sus sacrificios, o idolatrías, y borracherías; y que aunque algunos vengan a oír la doctrina Christiana los días de Fiesta, no es de fruto alguno: porque el aparejo de su apartamiento les da ocasión a que tornen a sus ritos y costumbres,[32] porque tienen de cierto, que no han de ser vistos, ni entendidos; y si no se remediasse con este aparejo, lo mismo sucederá en sus hijos, y descendientes, porque suceden en los ídolos, y lugares, donde sacrifican.

Y aunque de juntarlos, nacerá mucho fruto para su conversión, ponéis los inconvenientes, que podría traer: los quales vistos, y otros que acá se han representado, parece que qualquier novedad que en esto se hiziesse podría traer inconvenientes en el principio; pero vosotros pues tenéis la cosa presente proveáis en ello lo que más viéredes que conviene: pero si os pareciere que no puede traer inconveniente, haréis la experiencia poco a poco, y no de golpe.

A mí me parece no hay inconveniente para que se observe esta disposición, cuando consta bastante que ha sido observada en toda la Nueva España, como puede verse ahora que todas las ciudades y pueblos de Indios tienen sus caminos, calles, cuarteles, vulgarmente solares; tan solo en esta Provincia dicha ordenanza se ha descuidado o tratado con desprecio; pero no así el Obispo don Diego Vázquez de Mercado, que lo manifestó al Real Consejo, según me dio, y con mucha más energía habría sido si hubiera conocido dicha cédula. No omitiré otra cédula (fol. 84) que viene bien sobre esto:

Si por lo que dezís, que por essos Corregidores[33] se dexassen de arraygar y no estuviessen en sus grangerías y haziendas, y cessasse la continua molestia que podrían hazer a los Indios, estando siempre en los pueblos con ellos avéis prometido, que los dichos Corregidores estén a tiempos en essa ciudad, y que visiten sus Corregimientos, quando a vosotros pareciere que convenga; y como quiera que esto parece acá inconveniente, y no buena introdución, y no se consigue el efeto para que se ordenaron, que es en la

---

32 Nota que en esta Provincia los indios no tienen imágenes en sus casas, como las tienen los mexicanos.
33 No ay corregidores en Yucatán, porque son muy perjudiciales y por cédulas está prohibido, que no los aya, como consta por las cédulas que tiene la villa de Valladolid, mi patria.

introducción de los dichos Indios, y tenellos en justicia, y estorbarles sus vicios, y antiguos ritos, e idolatrías; pero a personas que tenéis la cosa presente acorde de vos lo remitir. &.

Nota importante

Y en la misma foja escrita 184. dize un capítulo assí: «Vi lo que dezís, que por no aver justicias en esas partes en tan breve distancia, como en essos nuestros Reinos, suceden muchas casas (sic) en partes distantes dessa ciudad, donde residís»:

Esta cédula conviene a nuestro propósito. Nótese, además, lo que dice el tercer Concilio de Lima (act. 2, dec. 42, el año 1582). «Para exterminar de la Fe cristiana la peste que incesantemente están fomentando entre la tierna grey de Cristo, los adivinos y perversísimos flámines de los demonios, cuya maldad es tan grande que en un día destruyen cuanto en un año han edificado los sacerdotes de Cristo, estableció con mucha sabiduría el Concilio anterior de esta ciudad (1567) que todos ellos (viejos en su mayor parte, inútiles y decrépitos) fueran encerrados juntos, para que con su comunicación no inficionaran a los demás indios: y que en aquella clausura se les suministrasen alimentos corporales y espirituales.

El daño que ha causado el olvido de este decreto, nos lo está demostrando la experiencia: por lo cual manda este santo Sínodo a los párrocos que, en cuanto penda de ellos, sin excusa alguna ni dilación se ejecute; y ruega y suplica a los ministros del rey presten su ayuda para una obra tan provechosa, y desde luego designen con prudencia dónde y cuándo se guarde a esos ministros diabólicos para que no perjudiquen a los demás».

Noveno fundamento[34]

Nuestro rey Felipe es la única, verdadera y real columna de la Iglesia Católica en las Indias; su Real Consejo desde los primeros tiempos hasta hoy ha promulgado, mandado y enviado para propagar la Fe Católica y favorecer a los indios, ordenanzas, disposiciones y cédulas que trae Antonio

---

34 Véase en la bula del Pontífice Alejandro VI, al principio del libro de Cédulas impreso en México, aquellas palabras: procurad y debéis con zelo, atraer a los pueblos que viven en las tales islas y tierras, para que reciban la religión cristiana ; las cuales trae Fr. Manuel Rodríguez en su Compendio de Bulas, Tom. X, fol. 535.

de Herrera en su real Historia de las Indias, las cuales fueron promulgadas y dispuestas sabiamente para el arreglo de lo que se ofrecía al principio de la iglesia naciente en las Indias, y creo fueron dictadas por el Espíritu Santo, según lo del Ecclesiást. «Por mí, reinan los reyes, y los legisladores dan justas leyes». Cap. VIII, v. 15. PROVERBIOS.)

Mas algunas de estas ordenanzas, disposiciones, y cédulas, si el mismo rey o su Real Consejo en estos tiempos visitasen estas regiones, no dudo que las cambiarían, limitarían, explicarían, anularían, o mandarían se observasen en otras partes, pues según los tiempos, mudan las humanas disposiciones, como consta por el cánon non debet, de consanguinitate et affinitate.

Décimo fundamento

(De este fundamento pende toda la cuestión.)

El obispo puede proceder algunas veces en causas civiles o criminales, tratadas, civilmente, contra las personas legas; y en otras criminalmente, en virtud de su oficio, cuando se trata de inquirir en causas de Fe, como la herejía o lo que a ella sepa, para castigar la culpa, procurar la enmienda de la vida; y evitar los escándalos que se originan por los herejes o apóstatas.

Ambos modos de proceder difieren entre sí: el primero lo usa el obispo o su oficial en las diarias causas forenses (por decirlo así) como juez eclesiástico tan solo: el segundo lo usa el obispo o su comisario, no como juez eclesiástico, sino como inquisidor de derecho contra la perversidad herética, la apostasía (según consta del cánon «per totum de haeriticis extra et in Sexto», cuya doctrina es de todos los doctores), y cuando obra así, debe usar de igual derecho, autoridad y potestad que los inquisidores generales, y con sus especiales concesiones, según lo que claramente se dice en el cap. «per hoc, de haeret. Lib. 6, approbato Extravaganti eodem», lo cual es digno de gran advertencia.[35]

---

35 Véase lo que trae Salcedo en su Práctica, c. 102, sobre la potestad de los Inquisidores p. et licet, donde refiere la real constitución, por la cual se prohíbe a todos los jueces seculares que no se metan en las causas que tocan a este foro. Véase también la Bula de Julio III dada en 1551, al fin del Repertorio de Inquisidores, fol. 118, donde habla tres veces con los obispos: la cual debe verse necesariamente; también para este décimo fundamento el Repertorio de Inquisidores en la palabra cognoscend. Allí: acaso se quite a los Ordinarios la facultad de conocer, por la comisión que el Papa ha dado a los dichos inquisidores? Se responde que

De aquí infiero, que así como el primer Inquisidor de Nueva España, el licenciado Francisco Tello de Sandoval, tuvo plena autoridad concedida por el Inquisidor General Cardenal de Toledo, y confiada por nuestro católico rey Felipe, así el obispo cuando procede del segundo modo. Por esto pongo su Provisión u Ordenanza, como la real cédula recomendada al Virrey, que se halla en el libro de Provisiones impreso en México, pág. 97.

Una cuestión

¿Puede el obispo de Yucatán, aprehender, encarcelar y azotar, sin el auxilio del brazo secular, a los Indios de esta Provincia, que adoran a los ídolos?

(Continúa)

Provisión de Inquisidor al Licenciado Don Francisco Tello de Sandoval año 1543

NOS DON IUAN TAVERA por la divina miseración Cardenal en la santa Iglesia de Roma, título de San Iuan ante Portam Latinam, Arçobispo de Toledo, Primado de las Españas, Chanciller mayor de Castilla, Inquisidor Apostólico general contra la herética pravedad, y apostasía en todos los Reinos, y Señoríos de sus Magestades, confiando de las letras, y recta conciencia de vos el muy Reverendo Francisco Tello de Sandoval, Canónigo de la Santa Iglesia de Sevilla, e Inquisidor Apostólico, que al presente sois de la ciudad, y nuestro Arçobispado de Toledo, y su partido, entendiendo ser assí cumplidero al servicio de Dios nuestro Señor, y ensalçamiento de nuestra santa Fe Católica, por el tenor de la presente, por la autoridad Apostólica a nos concedida, vos hazemos, constituimos, creamos, y diputamos Inquisidor Apostólico en la Nueva España, que es en las Indias.

«Y vos damos poder y facultad para que podáis inquerir, e inquiráis, contra todas, y qualesquier personas, assí hombres, como mugeres vivos, y difuntos, ausentes, y presentes, de qualesquier estado, y condición, prerro-

---

no porque el obispo puede conocer y juzgar sobre herejes y puede proceder contra ellos. Igualmente el Capítulo Sede vacante, según el cap. ad abolendam de haer,al principio, como los Inquisidores por ser deputados por la Silla Apostólica, según el cap. cum Inquisitionis de haeretic en la VI Clement. 1, igual título, pues porque el Papa depute a los Inquisidores acerca de la perversa herejía, no por esto parece que les quite a los Ordinarios la facultad de conocer y proceder sobre lo mismo, según en la d. c. per hoc. Tollere ut indirect. C. per hoc.

gativa, y preeminencia, o dignidad que sean, essemptos, y no essemptos, vezinos, y moradores que son, o ayan sido en la dicha Nueva España», que se hallaren culpados, sospechosos, e infamados en el delito, y crimen de la heregía, e apostasía, y contra todos los fautores, defensores, y receptadores dellos: «Y para que podáis hazer, e hagáis contra ellos, y contra cada uno dellos vuestros processos en forma devida de derecho según los sacros Cánones lo disponen».

Y para que podáis tomar, y recibir qualesquier processos y causas pendientes sobre los dichos crímines, y qualquier dellos ante qualquier Inquisidor, o Inquisidores, que ayan sido en la dicha Nueva España en el punto y estado en que estuvieren, y continuarlos, y hazer, y determinar en ellos lo que fuere justicia, y para que podades a los dichos culpantes encarcelar, penitenciar, punir, y castigar; y si de justicia fuere, relaxarlos al braço, e justicia seglar, y hazer todas las otras cosas al dicho oficio de Inquisidor tocantes y pertenecientes.

Para lo qual todo lo que dicho es, y cada una cosa, y parte dello, con todas sus incidencias, y dependencias, emergencias, conexidades, y anexidades vos damos poder cumplido, y cometemos nuestras vezes, hasta que nos especial y expressamente las revoquemos. En testimonio de lo qual mandamos dar, y dimos la presente firmada de nuestro nombre, y sellada con nuestro sello, y refrendada del Secretario de la general Inquisición. Dada en la villa de Valladolid a diez y ocho días del mes de Iulio de mil y quinientos y quarenta y tres años. CARDINALIS. Por mandado de su Señoría Ilustríssima, y Reverendíssima. Iuan de Casao, tenía tres rúbricas, y señales abaxo.

Cédula de recomendación al Virrey, y Audiencia por el Inquisidor

Don Antonio de Mendoça nuestro Visorrey, y Governador de la Nueva España, y Oidores de la nuestra Audiencia, y Chancillería, y otras qualesquier justicias de la dicha Nueva España: Sabed, que el Emperador Rey, mi señor, embía a essas partes al Venerable Licenciado Francisco Tello de Sandoval, Canónigo de la santa Iglesia de Sevilla, e Inquisidor Apostólico de la ciudad, y Arçobispado de Toledo a entender en cosas que tocan al servicio de Dios, y de su Magestad. Y lleva assimismo poder del muy Reverendo in Christo Padre Cardenal de Toledo, Inquisidor General.

«Y porque mi merced y voluntad es, que el dicho Santo Oficio se haga, y exerza en essas partes libremente con aquel favor, libertad que hasta aquí se ha usado, y exercido en estos Reynos, y Señoríos, yo vos mando, que cada y quando fuereis requeridos por parte del dicho Inquisidor», le deis, y hagáis dar todo el favor y ayuda que vos pidiere, y menester huviere para usar y exercer el dicho Santo Oficio, y para hazer en el qualesquier cosas, y autos que fueren necessarios para la buena administración, y exercicio de la justicia.

«Y que en ello, ni parte dello, embargo, ni contradición alguna le pongáis, ni consintáis poner por alguna manera»; porque assí cumple a mi servicio. Fecha en la villa de Valladolid a veinte y quatro días del mes de Iulio de mil y quinientos y quarenta y tres años. YO EL PRÍNCIPE. Por mandado de su Alteza. Iuan de Samano: tiene tres señales al pie della.

Manifestados los fundamentos y a pesar de los argumentos, a los que contestaré después, deduzco la

Primera conclusión

«El obispo, o su vicario general o foráneo, no pueden aprehender a las personas laicas, ni encarcelarlas, ni sucuestrar sus bienes con motivo de ejecutar una sentencia o un justo mandato en causas civiles o criminales, intentadas civilmente, sin pedir el auxilio del brazo secular, el cual están obligados a darlo los jueces, a quienes se puede obligar con las censuras de la Iglesia para que lo presten».

Esta conclusión es ciertísima, conforme a la doctrina que de antemano expuse en el primer argumento: es también del sapientísimo doctor Covarrubias (Practicarum Quaestionum, cap. X. núm. 2) a quien sigue el doctor Suárez de Paz in sua Praxi. tom. II, praeludio 2. núm. 54. La misma tiene el doctor Salcedo in sua Praxi Camonica, cap. 160, núm. 6.

Confírmase la conclusión

La razón de esta Conclusión se deduce de lo que el derecho expresa muchas veces, cuando el juez eclesiástico conoce de un crimen cometido por persona lega. Este conocimiento le toca, cuando después de haberse valido de los decretos canónicos y de las censuras, no hayan producido su efecto, para reprimir, entonces debe apelar al juez que le prestó el auxilio del brazo secular, no teniendo el juez eclesiástico autoridad permitida contra las personas legas, sino por medio de las censuras.

(Consta por el texto in cap. I de Officio Ordinis, cap. Postulasti, de homicidio, cap. cum. cap. laicus, de foro compet. L. placet C. de sacrosanct. Eccles. authent. de mandatis Principum, p. si vero Canonicum, collat. 3. Lo mismo trae Juan Lupin. in cap. per vestras, p. sed est pulchra dubitatio, núm. 18. de donaitonib, inter vir uxor. Igual cosa dice Ancharrano in cap. cum Episcopus, de Officio Ordinis in 6. Cuya opinión confiesan que es común a Felin in cap significasti, de officio delegat.; Auferio in repetitione Clementinae primae, de offic. ordin. quaest. 5, en el tratado de Potestad Eclesiástica sobre legos, al principio; Julio Clarus, lib. V, sentent. q. 37, núm. 8. La sentencia de Anchar, en la regla contra los jueces eclesiásticos in ea quae de regul iur. in 6, q. 11, está conforme.

La misma confiesa Juan Andr. in Spec. tit. de offic. ordin. Las reales leyes admitieron esta, según Covarrubias (en la 1. 7, tít. 3, lib. I, que ahora es la 1. 14, tít. 1, lib. IV de la Nueva Recopil. y la 1. 4, tít. 1, lib. 3, Ordin., que ahora es 1. V, tít. 1, lib. IV, Recopilat.)

Aunque no han faltado doctores que piensen de diversa manera, tales como Dominico y Francisco (in c. vt officium, p. compescendi, de haeretic, in 6) cuya opinión parece que actualmente no se sigue, sobre todo en las Indias, donde no hay costumbre de aprehender a las personas laicas por los jueces eclesiásticos sin auxilio; pero estos reinos observan las leyes alegadas sabiendo que tal es la voluntad de nuestro rey Felipe, columna de la Iglesia Católica, y no quiero detenerme en indagar si es opinión extraña a los decretos del Concilio Tridentino (sess. 24, cap. 8. y sess. 25, cap. 5 de Reformat.) a pesar de mencionarlo; si se necesitare del auxilio secular, otros cánones mandan que debe darse (como el cap. quoniam, eodem, tít. si fuere necesario, cap. fin de excessibus Praelatorum; ibi si opus fuerit de statu regul.; cap. statuimus, verb. si necesse fuerit, de maledic.) Covarrubias quizá por estos parece dudoso (arriba citado núms. 1 y 2).

Segunda conclusión

«El Obispo, su Vicario general, o Comisario foráneo, pueden aprehender, encarcelar, azotar a los indios idólatras como a herejes, apóstatas[36] y despreciadores de nuestra Religión Cristiana sin solicitar el brazo secular, particularmente si proceden para castigo del delito, para satisfacer por él a Dios Óptimo y Máximo, para reducirlos a verdadera penitencia, para que no vuelvan a los montes, donde no es fácil que los encuentren; si no los aprehenden in fraganti y al principio de formarles causa.»

Esta conclusión se deduce de lo que dijimos en el décimo fundamento sobre el segundo modo de proceder por el obispo en caso de herejía o que a ella sepa. La que deduzco del citado Covarrubias: tratando de la primera conclusión, expresamente sostiene que puede el obispo aprehender a las personas legas sin auxilio del brazo secular en caso de herejía (quasi speciali, et alleg. text. in cap. excommunicamus, el 2 in fin de haereticis, y el tex. in cap. ut commissi, el mismo tít. in 6 et Clement. I, de la misma rúbrica.) Estos derechos conviene que se vean especialmente, pues confirman esta conclusión, y lo que trae Oldrad., conf. 83, que exceptúa el caso de herejía.

Lo mismo dice el doctor Azevedo, que clara y elegantemente sostiene que puede el obispo encarcelar tratándose de herejía, o que a ella sepa, sin auxilio del brazo secular (en sus comentarios lib. 4, núm. 13), y más claro Avilés (in cap. Praetorum, cap. 20, palabra «usurpan», núm. 14), donde trata de herejes, idólatras, adivinos y sacrílegos, a los que llama herejes.

A estos doctores debe consultarse, pues son grandes intérpretes de las reales leyes civiles, quienes no vacilaron en dejar a nuestra santa Madre la Iglesia lo que le concede el Derecho, cual es el conocimiento de la idolatría, de aprehender a los idólatras sin auxilio; que si los gobernadores pasados[37] y los que les han sucedido los leyeran y pesaran con cristiano celo (y que respetando su ausencia y quietud no puedo dejar de culparlos con razón), no habrían intentado y sostenido que el conocimiento y castigo de este pecado toca al tribunal real, apoyados tan solo en las cédulas del Emperador y de nuestro rey Felipe, que referí en el segundo argumento, palabras:

---

36 Llámase apóstata al que desprecia nuestra religión, según el L. 5, tít. 26, part. 7.
37 Se indica a los gobernadores pasados.

«Y con muy particular cuidado y diligencia procuraréis remediar lo que toca a la idolatría, como más convenga al servicio de Dios nuestro Señor, pues veis de la importancia, y consideración que es»: por las cuales no deben suponer que con esta cédula nuestro rey Felipe haya querido perturbar la jurisdicción eclesiástica, como en la 1. 14, tít. 1, lib. IV, Recop., cuyas primeras palabras son: «Porque assí como nos queremos guardar su juridición a las Iglesias, y a los Eclesiásticos juezes, etc.»

Ahora pregunto en el Señor al que dude sobre esto: ¿Aquellos doctísimos y cristianos consejeros ignoran que está mandado por el derecho que los obispos sean inquisidores generales ordinarios, y que en caso de herejía o que a ella sepa, no se debe pedir auxilio secular, conforme a los doctores citados? Luego el juez secular y los que ocuparon su lugar indebidamente, por no decir sin justicia, inquietaron el celo de los obispos para exterminar este pecado tan abominable.[38]

Debiendo entenderse en general la cédula citada «Procuraréis remediar lo que toca a la idolatría», de esta manera: ayudando al obispo para extirparla, ya aprehendiendo y enviando a los idólatras con el obispo, como dice Bobadilla en su Política (lib. 2, cap. 16, núm 7), ya con público edicto por medio de pregón para exhortar a todos los indios de esta Provincia a que se abstengan de este crimen, dándoles a conocer los castigos que el Derecho por este motivo les impone (como se refiere en el lib. VI, tít. 4, lib. VIII, Recop., contra los adivinos) que si hace 12 ó 15 años lo hubiesen hecho así, este pecado no se habría aumentado; pero ¡oh dolor! se ocupaban dichos jueces en cuestionar con los obispos sobre la jurisdicción y conocimiento en las causas de idolatría, rehusando que los demás les prestasen o diesen el auxilio que ellos mismos les prohibían.

Por lo cual el obispo Diego de Mercado obtuvo de la Audiencia de México, en 1608, una disposición que después se verá a fin de que impartiesen su auxilio todos los jueces de las ciudades y pueblos, los que encubrían la embriaguez de los indios, originada por su especial vino Balche, libado u ofrecido a los ídolos, que ignorando[39] de lo que se compone, o por pereza

---

38 El autor insinúa las causas de idolatría y culpa a los jueces seculares anteriores, que disputaban con los obispos sobre el conocimiento de las causas.

39 Ni comer, ni beber en honra del ídolo Lothitis, según el cap. sicut sanctius 32, q. 4, L. nemo 6 de paganis.

(por no decir ocupados en la codicia de enriquecerse) o por las diarias dádivas ofrecidas a los ídolos, que no es lícito comer, cerraban los oídos para no oír los continuos ladridos que de lo íntimo del corazón daban diariamente los perros de este rebaño que no eran mudos ni ciegos contra este pecado.

Los ministros de esta Provincia no pueden llamarse perros mudos ni ciegos

¿Quién no creerá fueron ladridos los que el obispo Diego de Landa daba con clara y alta voz, no siendo más que custodio de esta Provincia, cuando castigaba con cárcel y azotes a los idólatras? por lo cual fue calumniado ante el Real Consejo, vindicándose con ayuda del doctísimo Fr. Alonso de la Vera Cruz, lumbrera de todo este Nuevo Mundo, quien casualmente se encontraba a la sazón en España, como lo he sabido por tradición de los antepasados.

¿Quién no creerá fueron ladridos los de Fr. Gregorio de Fuente Ovejuna (como vimos en el tercer fundamento) y de Fr. Jerónimo de León, de la orden de San Francisco de esta provincia, que los dio en la Real Audiencia de México? Debido a su voz y ladrido se promulgó esta Real Provisión:

Provisión de la Real Audiencia de México, para que los Jueces Reales dexen a los Eclesiásticos conocer de la idolatría

Don Felipe por la gracia de Dios Rey de Castilla, &. A vos don Guillén de las Casas, nuestro Governador de las Provincias de Yucatán, Coçumel, y Tavasco, e a vuestro Lugarteniente, e a otros qualesquier juezes nuestros, e justicias de las dichas Provincias, y a cada uno de vos, a quien esta nuestra carta fuere mostrada, salud y gracia: Sépades, que en la nuestra Audiencia y Chancillería, que reside en la ciudad de México de la Nueva España ante el Presidente e Oydores della pareció el Padre fr. Gerónimo de León Religioso de la Orden de S. Francisco dessas Provincias, e Definidor della, y nos hizo relación, diziendo que por lo que tocava al servicio de Dios Nuestro Señor, e descargó de nuestra Real conciencia, era assí que en essas Provincias avía gran cantidad de Indios dogmatizadores idólatras, e como no se ponía remedio, e castigo, cundía entre los naturales:

«Y aunque los Religiosos y sus Guardianes, y adonde administravan, acudían al remedio, los estorbávades, y prohibíades vos el nuestro Governador, y los inhibíades del conocimiento del dicho crimen, con que los dichos idólatras se desvergonçavan»,[40] y convenía poner sobre ello remedio, nos suplicó mandássemos librar nuestra carta, e provisión Real, para que las justicias Elclesiásticas, y los Religiosos en sus pueblos procediessen al reparo de tanto mal, impartiéndoles el auxilio de nuestro braço seglar, que sobre ello proveyéssemos como la nuestra merced fuesse.

Lo qual visto por los dichos nuestro Presidente, e Oidores, fue acordado que devíamos mandar dar esta nuestra carta en la dicha razón, e nos tuvímoslo por bien. «Por la qual os mandamos a todos y a cada uno de vos según dicho es, que de aquí adelante no os entremetáis a impedir, ni estorvar los dichos Religiosos,[41] y justicia Eclesiástica dessas Provincias, conocer, y proceder en aquellos casos, y cosas que se ofrecieren, y recrecieren, en que conforme a derecho lo puedan, y devan hazer»; y antes, si por su parte[42] se vos pidiere el auxilio de nuestro Real braço seglar, se lo impartáis tanto, quanto con fuero, y derecho deváis, y non fagades en ende al por alguna manera, so pena de la nuestra merced, e de cada quinientos pesos de oro para la nuestra Cámara.

Dada en la ciudad de México a diez y siete días del mes de Octubre de mil y quinientos y ochenta y dos años. El Conde de Coruña. El Doctor Pedro Farfan. El Doctor Robles. El Doctor Palacio, E yo Cristóval Ossorio escrivano de Cámara de la Audiencia Real de la Nueva España por su Magestad la fize escrivir por su mandado, y con acuerdo de su Presidente, e Oidores. Registrada. Iuan Cerrano. Por Chanciller. Iuan Cerrano.

La copia de esta Provisión hecha por el escribano Jerónimo de Castro, se guarda en el archivo episcopal de esta diócesis yucateca. Solo los jueces de esta Provincia despreciaron los ladridos de estos venerables Padres, pero no así la Real Audiencia de México y el Consejo de Indias.

---

40 Refirió la verdad como perro ni mudo ni ciego.
41 Véase a Salcedo antes citado, cap. 102, p. et licet.
42 Antes. Luego presupone que hay casos en Derecho en los cuales no hay que pedir auxilio. Y SI POR SU PARTE. Estas palabras están de acuerdo con las de la Cédula de recomendación del primer Inquisidor.

La demasiada tolerancia y paciencia en castigar, aumentan y favorecen los delitos, como escribe el doctísimo don Antonio de Guevara tratando de los moros de Granada en su carta a Garci Sánchez de la Vega, con estas palabras:

«En todo este Reyno de Granada han sido los Moriscos tan mal enseñados en las cosas de la ley, y por otra parte dissimulan con ellos tanto las justicias del Rey, que no será pequeña jornada la mía prevenir, y remediar lo futuro». Véase cómo culpa la tolerancia de los jueces reales (Lib. II de las Cartas).

Confirma la conclusión

Esta misma segunda conclusión la confirma el doctor Suárez de Paz (antes citado, núm. 56, al fin) y la prueba con el texto IN CAP. ATTENDENDUM 17, q. 4, y el CAP. CONTRA IDOLORUM CULTORES, el cual creo que debe completamente pesarse así como su gloria, y no tergivesarlo, como quiso Avilés (antes citado) y aplicarlo contra los clérigos a quienes nunca vi, ni oí, ni leí que adorasen ídolos; quiera o no, se dirigen a los legos: la luz no debe ocultarse a los ojos que la ven. También refiere que otros doctores siguen la misma doctrina, y se observa en la práctica, como se prueba en el tribunal episcopal de Salamanca, con exepción del caso de herejía porque así lo disponen las dichas reales leyes antes citadas.

Véase al doctor Bobadilla en su Política (lib. II, c. 27, n 29) donde dice: «Caso quarto es, que podrá el Obispo, Inquisidores, o juez Eclesiástico mandar echar grillos, esposas y otras prisiones, y dar tormento a legos en las causas de su jurisdición, y por mano de sus propios Ministros, e imponer pena de destierro, mitra, galera y açotes; los quales se davan por pena de derecho, etc».

Concuerda con la Clemencia sobre herejes. La misma tiene el doctor Salcedo (antes citado cap. 160, n. 7) alegando iguales derechos, aduciendo fuertes razones y satisfaciendo admirablemente a las leyes reales, probando que no proceden en caso de herejía. La sigue Romano en especial (660) Felino IN CAP. CUM SIT GENERALE n. 20 DE FORO COMPET. y en el dicho CAP. SIGNIFICASTI, col. fin. Aufrerio (en la Clem. I, DE OFFIC. ORDIN. q. 5, fol. 37, n. 52). Menchaca (DE TESTAMENT, p. 22, n. 17). Avendaño (lib.

2 MANDAT. REGUM, cap. I, n. 22). Véase al mismo doctor Bobadilla donde se dijo, n. 70, caso 36. contra los idólatras.

Doctrina verdadera

(Como en el Concilio de Lima.)

Porque si los jueces eclesiásticos tan solo procedieran con censuras contra estos idólatras quedarían impunes: ya porque hasta hoy no se ha fulminado excomunión contra los indios en razón de su antigua incapacidad o por la paciencia de los obispos: ya porque mientras el juez eclesiástico las decretara, pues no deben aplicarse en el acto teniendo concedida la dilación para fulminarlas, y pidiera el auxilio del brazo secular, el reo muy fácilmente se podría librar huyendo y ocultándose con su familia en los montes donde cometería otros delitos como homicidios, incestos, perpetua idolatría y quedaría burlada la justicia eclesiástica. Por tanto deben ser aprehendidos, encarcelados con mucha vigilancia, y engrillarlos si se juzgare conveniente (tex. in Clme. 1, de heracticis).

Tercera confirmación

Esta conclusión la confirmo por lo que enseña el doctor Segura en el Directorio de jueces eclesiásticos (2 part. cap. 13, núm. 37), y más se corrobora con la citada Cédula Real dada el año pasado de 1608; en ella nuestro católico rey casi aplicando los derechos contra los herejes (EXTRA ET IN SEXTO) recomienda al ferviente celo episcopal el castigo y extirpación de los ídolos con aquellas terminantes expresiones: «Usando para ello de los medios que os parecieren más convenientes», cuyas palabras parecen sacadas del texto IN GLEM. 1 DE HAERETICIS». SIC. QUOD... FACIENDUM.

Dadas estas palabras de la cédula, si mi conclusión no procediese en derecho, parecería que si emanaban de esta cédula de nuestro Rey dada al real Consejo de Indias, compuesto de 12 consejeros tan doctos como integérrimos juntamente con su Presidente, al cual no se le disputa la autoridad que goza; todo lo piensa y aquilata y así es como decreta leyes, mandatos, cédulas; siendo yo de esto testigo ocular.

Ciertamente noté y muchísimas veces lo medité, cuando por negocios de esta diócesis estuve en la curia real, la gravedad y modestia de dichos consejeros para oír las relaciones de los litigantes; la taciturnidad para pensar lo que tienen entre manos; la mansedumbre para sufrir las continuas visitas de los que solicitan informes; la longanimidad para esperar la conclusión y resultado; el estudio para conocer e indagar las cosas más ocultas de las Indias; la integridad para dar sentencia sin acepción de personas; cuyas virtudes parece que Dios Óptimo y Máximo se las infunde para tratar y dirigir los asuntos según pude yo observar en el nuestro, que comenzado en 1603 cuando escribí a nuestro católico rey, no se olvidaron de resolver, pues conforme a mi parecer se contiene en la última cédula, a saber: que el obispo castigue y reprima a estos idólatras como le pareciere, esto es, según el derecho común.

Argumento del autor, el Obispo vigila

Por lo cual ahora así arguyo en favor del señor obispo a quien Dios le ha dado el cuidado de lo espiritual y principalmente el de las almas;[43] por esta cédula parece que debe aprehender, encarcelar y azotar a los idólatras, sin el auxilio del brazo secular, como inquisidor delegado en virtud de la urgente necesidad para que no se huyan a los montes y pierdan la Fe.

Luego la potestad secular de esta Provincia se queja sin fundamento de que la jurisdicción real se le defrauda, perturba y usurpa «ciertamente esto lo hace el obispo por autoridad real y conforme al derecho común, porque no puede tener excusa el Pastor si ignora que el lobo come a las ovejas». (Jur. Extra.)

Se contesta a la requisitoria del Gobernador

No obsta que el juez secular, o sea el Gobernador, haya requerido al obispo para que no proceda contra los idólatras ni los aprehenda sin su auxilio; pues contesto que el Gobernador hace esto en virtud de su oficio según el cap. XX Praetorum, donde se previene que no toleran que los jueces eclesiásticos se entremetan, con estas palabras: «Y si supieren, que los juezes, o ministros de la Iglesia en algo usurpan nuestra juridición, o se entremeten

---

43   Mira que no se adormecerá ni dormirá el que guarda a Israel, Ps. CXX, 4.

en lo que no les pertenece, les hagan requerimientos que no lo hagan; y si de ello no quisieren cessar, nos lo hagan saber, para que nos lo mandemos remediar».

Más es así que el obispo no se entremete sino más bien conoce jurídicamente de este pésimo crimen de la idolatría, cuyo conocimiento y castigo privativamente le incumbe, como antes ya queda probado con bastantes razones jurídicas.

Luego indebidamente se quejará el gobernador de esta Provincia, ¿quién podrá dudar que dicho conocimiento tan solo pertenece a los obispos, cuando proceden del 2.º modo? según lo que dijimos en el anterior fundamento 10, pág. 40, pues el pecado de idolatría es herejía o apostasía en el bautizado: particularmente porque oí del mismo obispo que en la idolatría algunos dogmatizantes mezclan muchas herejías, contra los que luego procede, cuyo castigo toca al obispo, sobre todo en las Indias donde la Santa General Inquisición aún no conoce del castigo de los indios.

Bula del Papa Gregorio XIV

Y siendo los obispos inquisidores ordinarios, según la Extrav. de haereticis y in Sext., no se puede dudar que este pecado está privativamente sujeto a su jurisdicción, como dice Bobad. (donde queda citado, n. 70, caso 36). Véase la Bula de Gregorio XIV publicada el año de 1591, que trae Fr. Manuel en sus cuestiones tom. II, q. 50. «Mas del crimen de herejía, todo su conocimiento pertenece al foro Eclesiástico y de ningún modo se entremeta la curia secular».

Que este pecado sea apostasía,[44] claramente se deduce de Sto. Tomás 2. 2, q. 12, art. 1, IN CORPORE, puesto que la apostasía es el receso de Dios, de donde tomó el nombre Julián apóstata que dejó nuestra Fe por los ídolos; y los cristianos que se mezclan con los Sarracenos y Mahometanos se llaman verdaderamente apóstatas, a los que vimos muchas veces en España que los inquisidores contra la herejía y apostasía, les ponían el capillo de penitentes (reconciliador) condenándolos a muerte, como herejes, según el

---

44   La idolatría es apostasía; así Montalvo en la Ley 2., tít. 26, p. 7: o especie de herejía, a Gregorio López en la L. 45, tít. 25. p. 7, y a Villadiego en su tratado sobre la perversidad de la herejía, q. 20, conclus. 4, véase y fíjese.

C. CONTRA CHRISTIANOS, DE HAERETIC in 6 et L. 4, tít. 25. part. 7, según Villadiego.

¿Quién duda que esta era la iniquidad de los indios antes de conocer al verdadero Dios, por lo cual merecieron que nuestros españoles, divinamente inspirados, los combatieran con guerra justa,[45] como dice Covarrubias (in Clemen. alma mater 2, part. p. 10, núm. 5) y redujeran a la real autoridad, confirmando Dios todo esto con milagros, según refiere Antonio de Herrera en su Cronografía real, y con el cap. del Eclesiástico (X. 14 y 15).

El Principio de la soberbia del hombre es apostatar de Dios, por cuanto su corazón se apartó de Aquel que le hizo. Y con el v. 12 del cap. 6 de los Proverbios: «El hombre apóstata, es un hombre inútil». Véase a los autores que han escrito sobre estos indios, como el Padre Fr. Agustín de Ávila y otros muchos los cuales en esta ciudad de Mérida no hallo; véase también el Directorio de Inquisidores en las palabras: demonio, idolatría.

Que sea verdadera herejía o a ella sepa,[46] lo sostiene Avilés (in cap. Praetorum, cap. 20, verb. usurpan núm. 14:) lo dice, el doctísimo Fr. Manuel Rodríguez (in quaestionib. Regular, quaest 20, tom., 1, art. 10; véase también in cap. accusatus, p. sane de haerelicis in 6 y su glosa, verb. saperent.); véase también a Bobadilla, antes citado, núm. 70.

Una cuestión

¿Puede el Obispo de Yucatán, aprehender, encarcelar y azotar, sin el auxilio del brazo secular, a los Indios de esta Provincia, que adoran a los ídolos?

(Continúa)

Prueba de una parte de la conclusión, sobre los azotes

No parezca que de propósito he callado la prueba de aquella parte de mi conclusión, donde afirmo que (el obispo) puede azotar (a los indios). Omitiendo el texto in cap. contra idolorum cultores, tantas veces alegado (26, q. 5 y su glosa), citaré un texto muy claro: in cap. I, 23 q. 5, que dice:

«No vayas a perder la paternal diligencia que guardaste en la misma indagación, etc.» donde se concede expresamente a los obispos la facultad de

---

45 Porque uno ahuyentaba a mil y a doce mil.

46 La idolatría es herejía o sabe a ella; es sacrilegio, como se dice en el Tercer Concilio Toledano, can. 16 y 1. nemo, C. de paganis y 1. si quis defunctum, C. de apostatis.

azotar, con moderación, para castigo y remedio del alma, tex. in cap. ea vindicta, 23, q. 4; nótense en él aquellas primeras palabras: «aquellos castigos que sirven para corregir, no se prohíben»: pues permite al Maestro un leve y moderado castigo, según la glosa in cap. Praesbyterum, verb. spirasse, de homicid; es cierto que los ministros de los indios hacen veces de Maestros.

Véase el texto in cap. archiepiscopatu, de rapt y su glosa verb. flagellis. Véase a Gregorio López en el L. 48. tít. 6, part. I, verb. en lo temporal, texto in cap. saepè; cap. nullus; cap. non inuenitur, 23, q. 4, y el texto in cap. ad Fidem, 23. q. 5 y las leyes de Constantino y Teodosio, C. de paganis, en donde se manda que los templos de los ídolos se cierren. Véase el Concilio de Cartago quinto, en el canon 15, que se manda derruir y destruir toda clase de simulacros idolátricos, etc.

Y en el Deuteronomio, cap. 7: «Cuando se os diese posesión de la tierra, entonces destruiréis sus altares.»

Es así que todas las tierras de las Indias fueron dadas a nuestros reyes por el Papa Alejandro, luego no sin título, y razón por sus cédulas y ordenanzas citadas, mandan que se destruyan los altares de los ídolos, particularmente porque los indios deben ser juzgados, no como paganos, sino como apóstatas de la Fe que sus antepasados ya recibieron una vez, y castigados y obligados según las reales leyes; así lo dicen todos los ministros de esta Provincia de Yucatán, y yo lo sostuve cuando escribí el año de 1603 al Real Consejo, dando por resultado la cédula de 1605 que queda mencionada.

«Y si en esta ciudad de Mérida huviera la abundancia de libros que en México, provara con muchos Autores la obligación precisa de nuestro Rey, y señor en mandar castigar estos idólatras, e instruirlos según el Padre Ioseph de Acosta, de la Compañía de Iesús en su libro de procuranda Indorum salute que no hallo aquí».

Se prueba 2.º por el Concilio de Lima

También se prueba por el texto in cap. schismatici 23, q. 6 alto Flagellorum terroribus. Y por el Concilio de Lima publicado hace poco, que oportunamente ha llegado a mi poder; al tratar esta cuestión en la acta 4, cap. 7. se leen estas palabras:

«Habiendo conferenciado entre sí los anteriores Obispos de este Nuevo Mundo, con toda prudencia determinaron, que siendo los indios tan fáciles y nada perspicaces, se debía abstener el usar de excomuniones y otras censuras con ellos; pero que para conservar la disciplina eclesiástica y la Religión, era necesario emplear alguna pena exterior y corporal[47] que desde remotos tiempos con esta clase de gentes se sabe haberse practicado.

»Por tanto, este santo Sínodo determina, que debe confirmarse y aplicarse lo que tan provechosamente dispuso el anterior Concilio sobre este punto, respecto a las culpas de que debe conocer el foro eclesiástico, y que los jueces eclesiásticos pueden y deben castigar a los indios, cuales son aquellos atroces crímenes de idolatría, o apostasía, o supersticiones gentílicas como sortilegios, etc.»

Con este decreto nuestra cuestión aparece más clara, a no ser que se objete que a este Concilio Limense, aunque aprobado por el Romano Pontífice Sixto V, el Consejo de Indias no le ha dado el pase, lo cual ciertamente de ninguna manera ha faltado a este Concilio, puesto que al principio de él se lee la real cédula de Nuestro Rey Felipe mandando observar y publicar los decretos de este Concilio al virrey y Audiencia que residen en la ciudad de los Reyes, con estas palabras (en el medio). «Y pues el dicho Concilio, y decretos dél se han hecho, y ordenado con tanto acuerdo, y examen, y su Santidad manda, que se cumpla, y execute; yo os mando a todos, y a cada uno de vos, según dicho es, que para que se haga assí, deis y hagáis dar todo el favor y ayuda que convenga, y sea necessario, &c.»

Se prueba también

También se prueba con la L. 2, tít. 26, part. I, por aquellas palabras: «V. metido en cárcel»; donde se dice al principio de ella que los obispos son los jueces de las herejías; y al fin, que el que no tenga dinero pague corporalmente (allí) «Denle cincuenta açotes», etc. dirigiéndose esta ley solo para los obispos, no hay para qué demorarnos más en esta prueba.

Por esta ley de la Partida, y por los Concilios nacionales reunidos en España,[48] bien se conoce cuánto celo tuvieron nuestros reyes desde re-

---

47   Véase cómo el Concilio impone castigo corporal. Cap. contra los idólatras.
48   Véase el V Concilio de Cartagena, cap. 15.

motos tiempos, aun en tiempo de los Godos, para exterminar de España la idolatría: véase el III Concilio Toledano, canon 16, cuyas palabras me satisface copiar, por convenir mucho con las de la nueva Cédula enviada el año pasado de 1608.

«Supuesto que casi por toda España o Galicia se ha arraigado el sacrilegio de la idolatría,[49] este santo Sínodo con acuerdo del gloriosísimo Príncipe, ordenó que todo sacerdote en su residencia juntamente con el juez del territorio, busque cuidadosamente dicho sacrilegio, y encontrado no dilate exterminarlo, y de acuerdo lo repriman con el castigo que puedan, y si fuesen negligentes, sepan que están en peligro uno y otro de incurrir en excomunión; los señores que descuidaren de exterminar de sus posesiones este mal, y no quisieren prohibirlo a la familia, sean excomulgados por el obispo»:[50] mucho me arrepentiría si no hubiera transcrito estas palabras del Concilio, porque patentizan el celo de nuestro rey, quien apoyado en las enseñanzas de los Concilios de nuestra España, santamente ordena al obispo que de cuantos modos le parezca castigue este pecado, a quien ciertamente le toca su conocimiento, y a los reales jueces le ayuden o auxilien para indagarlo y extirparlo «o en castigar los relaxados al braço».

Lo mismo parece que juzgó el Concilio reunido por el Espíritu Santo, pues claramente dice: «que el sacerdote unido con el juez del territorio, indague esto», no dice indaguen, sino en singular, indague, habiendo obtenido el consentimiento del rey Recaredo, que sus jueces, ayudarán a los sacerdotes para que exterminen la idolatría.[51] Luego el conocimiento de este pecado siempre perteneció al foro eclesiástico. Luego también injusta e indebidamente los jueces anteriores de esta Provincia disputaban (este punto) con el obispo.

Ni a los reyes, ni a los príncipes es permitido conocer del crimen de herejía, conforme al tex. in cap. ut inquisitio, de haeretic. Lib. 6, que debe verse lo mismo que a Gregorio López en el L. V, tít. 26, part. 7 y la citada

---

49 Mucho debe notarse el III Concilio Toledano. Flavio Recaredo, primer rey de los godos, año 589.
50 Fíjense los señores temporales, los encomenderos.
51 No es permitido ni a los reyes ni a los príncipes que conozcan del crimen de herejía, texto ni C. ut inquisitio, de haeretic. Lib. 6, que debe verse y a Gregorio López en la ley 5, tít. 26, part. 7.

Bula de Gregorio XIV, 5. Por lo cual claramente deduzco de las palabras del Concilio Toledano, cuánto deben y obligados están los Señores temporales (que llamaré Encomenderos) en esta Provincia Yucateca, a procurar exterminar de sus encomiendas semejante pecado, para que no incurran en la excomunión, impidiendo o retardando directa o indirectamente la ejecución, u ordenanza, o el castigo que contra ese pecado, los obispos determinen hacer para lo que fuere más acertado,[52] sino que imiten el celo de nuestro rey Felipe y del rey Josafat, quien hablando al profeta Jehu, dice:

«Por eso merecías a la verdad la ira del Señor; mas se han hallado en ti obras buenas, por haber quitado los bosques («dedicados a los falsos dioses») de la tierra de Iudá». II Paralip. v. 2 y 3; para que no favorezcan a los indios de sus encomiendas cautivados, o encarcelados por este crimen; para que no haya abogados que los patrocinen y para que no incurran en infamia según el derecho in cap. si adversus nos, de haereticis.[53] Puesto que si les entregan a los indios en encomiendas, es con la obligación de que los hagan cristianos y los enseñen: «Otro Concilio Toledano, el 12 hay en cuyo canon 11 brevemente dice que sean castigados por la Real autoridad los adoradores de ídolos»: por estas palabras se ve que el Concilio encargó el castigo a Flavio Ervigio, rey de los Godos, el año del Señor 682, o porque así convino, o porque era debido según lo exigían las circunstancias.

Esto del Concilio lo refiere el doctísimo Ambrosio de Morales en su Real Crónica, Lib. 12, cap. 3, fol. 95, y en otra parte del mismo lib., cap. 53, fol. 181, con aquellas palabras: «Parece, que aún no se avía desarraigado de todo punto la idolatría en España, pues se ponen por el Concilio censuras y penas contra los culpados; aunque como allí se da a entender, esclavos devían de ser los que más en esto erravan». Pues si la Iglesia no permite esto con los esclavos, mucho menos con los libres y con nuestros domésticos, como son los indios a quienes los sacerdotes unánimemente darnos el nombre de hijos: pues los engendramos por el Evangelio, les permitimos que ejerzan en el altar el oficio de acólitos, que oficien en el coro las misas,

---

52 A los abogados que favorecen o patrocinan a los herejes los llama el texto (in c. si adversus, de haeretis) infames.

53 Véase el texto in c. ad abolendam, de haeretic statuimus, donde se ordena a los señores temporales y a los rectores que presten todo su auxilio.

cantando, tocando el órgano y otros instrumentos músicos durante las misas solemnes, que hagan las oblaciones en las Pascuas, besando el manípulo:

«Dios Óptimo y Máximo con justicia se queja de ellos,[54] diciendo: este pueblo me honra con los labios: pero su corazón está muy lejos de mí. O Dios inmortal, paciente y misericordioso, cuyos nombres en el Antiguo Testamento amenazaban con el castigo, vindicta, terror, azote, ira. Pues tú, Señor (en el Éxodo. cap. 20, v. 4 a 6) dijiste: No tendrás dioses ajenos delante de mí, no te harás escultura, ni figura alguna de lo que hay arriba en el cielo, ni de lo que hay abajo en la tierra, ni de las cosas que están en las aguas, debajo de la tierra; no las adorarás ni les darás culto. Yo soy el Señor tu Dios, fuerte, celoso, que castiga la iniquidad de los padres en los hijos hasta la tercera y cuarta generación de aquellos que me aborrecieron, y que hago misericordia en millares con los que me aman y guardan mis preceptos».

¿Hasta cuándo, oh Señor, serás padre para que estos indios abusen de tu paciencia? Te provocan con dioses extraños y atraen la ira con sus abominaciones. Inmolan a sus hijos e hijas al demonio, derraman la sangre inocente de los que sacrifican, ¿qué hay más inhumano y horrendo? Tuya es, Señor, la venganza; levántate y juzga tu causa. Retribuye en tiempo oportuno para que sus pies no resbalen hasta los infiernos; apresúrate, Señor, y no te demores; perdona las iniquidades de tu pueblo.

Tú sancionaste esta ley: «No tolerarás que los maléficos vivan». (Éxodo 22. 18.) Cuando fueren hallados en tu ciudad dentro de una de tus puertas, que el Señor Dios tuyo te dará, hombre o mujer, que hagan el mal delante del Señor Dios tuyo y traspasen su alianza, y vayan a servir a dioses ajenos y los adoren, al Sol y a la Luna, y a todos los astros del cielo, contra lo que yo mandé; y te dieren aviso de esto, y oyéndolo hicieres una diligente averiguación, y hallares que es verdad, y que tal abominación se ha hecho en Israel; sacarás al hombre y mujer que ejecutaron una cosa tan malvada, al tribunal que está en una de las puertas de la ciudad y serán apedreados. (Deut. XVII, 2. 3, 4 y 5)[55] pero no les des lo que por sus pecados merecen, ni te acuerdes de sus iniquidades;[56] cuanto antes se anticipe tu misericordia, porque se encuentran reducidos a la indigencia; oh Dios salvador nuestro

---

54   El autor invoca a Dios contra los idólatras.
55   Y el Deuteronomio, c. 21: para que se quite de vuestro medio el mal, y todo Israel tema.
56   El autor pide por la conversión de los idólatras.

ayúdalos, y por la gloria de tu nombre líbralos; perdónales sus pecados por tu (mismo) nombre; llámalos a penitencia verdadera, pues solo tú eres Buen Pastor; fortifica a los débiles; cura a los enfermos; venda a los quebrantados; levanta a los caídos; busca a los extraviados; pues tus ovejas se han desperdigado y son devoradas por las bestias, porque no se le permite al Pastor reducir a tus ovejas; aparta tus ojos de sus fornicaciones; habita en medio de tus hijos; ábreles el corazón para que cumplan tu ley y preceptos, dales un corazón nuevo para que te honren, adoren, y teman a Jesucristo que has enviado, quien contigo y el Espíritu Santo, vive y reina por los siglos de los siglos. Escucha, oh Señor, las súplicas de tu siervo. Así sea.

Lejos de mí asegurar que todos los indios de esta Provincia sean idólatras, siendo principalmente el número de sus pobladores cien mil; pero sí que lo son cinco o diez mil, según las varias Provincias en que los hemos aprehendido desperdigados, que caen y recaen algunos. Y siendo esto tan solo conocido por Dios no nos toca saber lo oculto, sino por lo que con frecuencia acontece se puede numerar. Conocí una Provincia que tenía dos mil varones en la que anualmente se cogen por la vigilancia del párroco cien en este pecado; y así de cada provincia, aunque no de todas.

Algunos dogmatizantes aún sacrifican hombres y niños

Mas, ah dolor! a mis oídos llegó que en estos tiempos los hombres sacrifican a los niños y niñas tiernos, según lo oí del Obispo Gonzalo de Salazar, quien inquiere judicialmente desde luego esto y tiene detenidos en la cárcel a algunos dogmatizantes. Lo cual en tiempos pasados nunca había oído, y en las causas que hallé supe que inmolaban solo aves, perrillos, ciervos y cosas iguales.

Si los idólatras son tan pocos o poquísimos, según algunos juzgan, no parecerá rigor que los dogmatizantes sean desterrados por el Obispo fuera de toda la Provincia Yucateca a los reales presidios de La Habana y de San Juan de Ulúa; y los peores y más perniciosos sean entregados al juicio secular y los ahorquen y quemen, después de un maduro examen, llevada la causa a nuestro rey Felipe y habiendo consultado a los inquisidores que residen en México, conforme a lo dispuesto por el Derecho (cap. PER HOC, DE HAERETIC, lib. 6), que dice: «Están obligados a comunicarse mutuamente los procesos porque mejor es aplicar la medicina corporal en tiempo oportuno, que después de la crudeza de la enfermedad resiste a los principios: tarde viene el remedio cuando la llaga es muy vieja».

Encomio a nuestros reyes católicos Fernando e Isabel

Por lo mismo no omitiré ensalzar hasta las nubes, con este motivo, el ánimo y celo de nuestros católicos reyes Fernando e Isabel que peligrando nuestra patria España por las olas, golpes y tempestades de un embravecido mar, de protervos y contumaces judíos que vivían entre nosotros, no dudaron purificar y desarraigar a España de semejante zizaña, saliendo dichos judíos desterrados por estos mismos reyes con gran admiración de los reyes circunvecinos. Tampoco omitiré elogiar el cuidado y vigilancia de nuestro invicto rey Felipe II, quién sabiendo que los herejes luteranos se habían embarcado para estas regiones de las Indias el año de 1574, excitó al Obispo por esta cédula.

Cédula Real del año de 1574, en que su Magestad avisa a los Prelados la noticia que avía de ciertos herejes que querían passar a estas partes

Reverendo ni Christo Padre Obispo de la Provincia de Yucatán, del nuestro Consejo; Aquí se ha tenido aviso, que en algunas partes del Delfinado, y tierras del Duque de Saboya andan algunos Predicadores, Luteranos disfraçados, y que de presente ay uno preso en Mondovi que es de Niza, y ha confesado aver estado en Alexandría, Pavia, y Venecia, y otras tierras de Italia, y platicando secretamente en ellas sus errores, y que iba con determinación de embarcarse para las Indias, donde eran ya encaminados otros de su secta: el qual está obstinadíssimo en ella, y dize no llevar otro dolor, si muere, sino no poder dar noticia de su Religión en essas partes; y aunque se entiende vuestro zelo y cuidado ser qual conviene al servicio de Dios, y bien de las almas, que están a vuestro cargo.

E porque como veis, este negocio es de mucha consideración, e importancia, os ruego y encargo que estéis muy vigilante en ello, y con todo secreto y diligencia hagáis inquerir y saber, si a vuestra Diócesi ha llegado, o está en ella alguno destos falsos y dañados ministros, o personas sospechosas en nuestra santa Fe Católica, y proveáis y pongáis en ello por todas las vías que pudiéredes, el remedio que es necessario, y conviene al servicio de Dios nuestro Señor, y que sean castigados conforme a sus delitos, y excessos, y de lo que en ello hiziéredes, nos daréis aviso. Fecha en Madrid a 20 de Iulio de 1574 años.

YO EL REY. Por mandado de su Magestad. Antonio de Eraso. Están a las espaldas desta cédula ocho rúbricas que parecen ser de los señores del Real Consejo. Desta cédula se colige, que su Magestad tiene por inquisidor al Obispo.

Luego si este catolicísimo y piadosísimo rey hubiese sabido que los indios de esta Provincia habían vuelto al vómito de adorar ídolos, despreciando nuestra sagrada Religión Cristiana «cuánto más habría procurado reducir a los que con tanto trabajo había atraído a la Fe, porque no se necesita menos valor para adquirir que para conservar lo ya ganado». Constando bastante por la Bula de Alejandro, ya alegada, que la conversión de los indios se le confió a nuestro católico rey de las Españas.

Luego mucho más la reducción de los que se apartan de la Fe Católica, a quienes nuestro católico rey puede con justa guerra vender y aniquilar, conforme a la doctrina del gravísimo Covarrubias (in cap. alma mater, in 2, p. relectionis, p. 10, núm. 5, de excommanicat) que indispensablemente debe ocultarse. Luego si se puede combatir a los idólatras, mucho más se les puede desterrar, ahorcar, quemar, según dispone el Derecho.

Ensalza a nuestro rey Felipe III

Tampoco dejaré de encomiar y alabar muchísimo el celo de nuestro rey Felipe III, que imitando los ejemplos de sus padres, viendo solo a Dios, dejando a un lado su comodidad e interés, se dice que arrojó, después de maduro examen, hace poco a los moros de toda España, que por sus abominaciones e insolencia contra nuestra Fe, merecieron semejante sentencia. Sabe nuestro rey, que Cristo Señor Nuestro le ha confiado la defensa de la Iglesia (como consta in cap Principes saeculi 23 q. 5). En verdad sabemos que estos moros permanecieron endurecidos en su mahometana secta 130 años, no por falta de predicadores de la ley evangélica, de suerte que su iniquidad se llenó para merecer el castigo. Y no diremos en su defensa con él Apóstol: «cómo oirán si no tienen quien les predique» (S. Pablo a los romanos, c. X.); habiendo en nuestra España tales tantos varones religiosos que desempeñan este ministerio.

Lo mismo creo debe asentarse y publicarse respecto de los indios de esta Provincia, que por ochenta años (según lo que dije en el primer fundamento) conocieron nuestra Fe mediante la gran doctrina de varones religiosísimos de la orden de San Francisco y de algunos clérigos que hasta hoy cuidan de este rebaño. Y han recaído en su idolatría no por falta de predicadores, sino, debe decirse, por su insolencia, pertinacia y pereza, viviendo sin coacción ni castigo; permitiéndoles residir en cualquiera parte, pasar de un pueblo a otro a habitar, elegir gobernadores semejantes a ellos, y beber el vino Ealche.

Predicaban y oían las confesiones por intérpretes
Todo esto les alienta a cometer crímenes, por su demasiada ociosidad, pues cruzadas las manos, como se dice, pasan la vida, tan solo echados en sus sementeras, teniendo por Dios verdadero a su humano alimento y llenándose los vientres.

No hay minas, arados, ingenios. Los primeros ministros predicaban y oían las confesiones por intérpretes
Si en esta Provincia Yucateca hubiese metales, arados, ingenios para elaborar el azúcar, grana, a que nuestros españoles se dedican, estos indios se ocuparían, dejarían los ídolos con la ocupación, y con el mutuo y constante trato con los españoles, imitarían su verdadera y sólida Fe; pero como faltan estos ejercicios, necesariamente vuelven a sus vicios, impelidos por la ociosidad, abundándoles su trigo y sus legumbres, que se creen han sido aceptadas por sus dioses con el incienso y su sacrificio, y llenos del vino (Balche) se sientan a comer y beber y se levantan a danzar (Éxodo, XXXII. 6); lo que sucede no por falta de doctrina y predicación, habiendo ahora tantos y tan doctos como peritos ministros en el idioma de los indios que en tiempos pasados no hubo, cuando oían las confesiones y exponían los evangelios por medio de intérpretes.

En la actualidad existen cien religiosos que saben el idioma, y muchos clérigos igualmente predicadores de los indios, y ministros de los que yo fui el mínimo (a no ser que tal vez solo mi ignorancia, mi negligencia, mi impureza, sea conocida y acusada por las lenguas viperinas e inicuas que vituperan a los ministros de esta Provincia); pero no toleraré que tantos y tan ilustres religiosos y clérigos sean calumniados, censurados e infamados,[57] quienes los domingos y días festivos, sin excepción, explicamos el Evangelio a los indios, las virtudes que deben seguir y los vicios de que deben huir; así lo predicamos en el mismo idioma indígena y según su capacidad y lo dispuesto por el Concilio Tridentino (Ses. V, cap. II y ses. 23, cap. I de reformat. y ses. 22, cap. VIII): véase la carta de nuestro rey a la Audiencia de México, fol. 79, donde se lee: «Acá me ha parecido, que uno de los principales medios que se podían tener, para que los naturales dessa tierra viniessen en conocimiento de nuestra santa Fe Católica, e ser industriados en ella, y también para que tomassen nuestra policía, y orden de vivir, es mezclar los de morada con los vecinos Españoles.

Defiende el honor de los ministros
Porque si a los ministros, como hombres, se les nota algún defecto, en el acto son corregidos con saludables consejos, amenazas, censuras, multas pecuniarias, si son clérigos; pero si son religiosos su Prelado con la privación de los beneficios y otras penas según sus estatutos, a veces con quitarles el hábito y expulsarlos de la Orden, de lo cual soy testigo ocular. Por tanto, lejos del humano y cristiano entendimiento pensar o decir que todos los ministros en general son incorregibles, viciosos, criminales, azotadores, deshonestos, ineptos; porque si en años pasados, no todos conocieron el idioma de los indios, por vejez y crecida edad, o por enfermedad que se los impedía: mas ahora cesó esta calumnia puesto que casi todos saben y hablan dicho idioma como conviene y se debe.

Igualmente los clérigos a quienes el obispo confiere beneficios después de probarles o reprobarles con largo examen y oposición, según el derecho del Real Patronato y del Canónico (tex in cap. grave nimis de praeuend, cap. cum. incunctis, de electione, Concilio Tridentino ses. VII, cap. 3 de Reformat.

---

57   Puesto que los sacerdotes son padres conforme al texto en el cap. quis dubitet 96, dist.

tex. in cap. quia nonnullis, de clericis non resid. cap. licet canon, de electione, in 6, en el mismo Concilium ses. XXIV, cap. 18), que dice: «Después de esto, finalizado el examen, den los examinadores cuenta de todos los sujetos que hayan encontrado aptos por su edad, costumbres, doctrina, prudencia y otras circunstancias conducentes al gobierno de la iglesia vacante; y elija de ellos el obispo el que entre todos juzgare más idóneo, y a éste y no a otro ha de conferir la Iglesia la persona a quien tocare hacer la colación».

También el obispo cumple todas las cédulas en que se manda se prefieran particularmente a los diocesanos que saben el idioma de los indios, después a los hijos y descendientes de los primeros conquistadores, a quienes nuestro rey recomienda en especial, conforme a la ley XIII, tít. 25, Part. 1. así:

«Los Patrones deben presentar a los fijos de la Iglesia a tales, que sean para ello», que cree Gregorio López deben ser preferidos (en la glosa, voz de aquel obispado, del tex. in cap. bonae memoriae, el 2 de Postulatione Praelatorum: No queramos preferir el extraño, tex. in cap. hortamur, cap. veniens, cap. nullus 71. Dist. glos. voz, veniens. «Primero deben ser instituidos los hijos de los Patrones, o de los parroquianos o de aquellos que a sus expensas se ha edificado «la Iglesia», lo sostiene así Soto (De Justit. et Jure, Lib. III, q. 6. art. 2). Sto. Tomás 2, 2, q. 63, art. 2. «Como la dignidad debe considerarse respecto del fin intentado, aquel (candidato) tomado del seno de la (misma) Iglesia, parece será más apto para procurar el bien común, porque amará más a esta Iglesia que se su madre». También lo sostienen: Covarrubias (Pract. cap. 35), Vgolin (de potestat. Episcop.) Salcedo (in Praxi), Diego Pérez (ni Lib. 18). Ordinam (palab. que ninguno extrangero).

Yo mismo vi que todos los obispos mandaron digna y loablemente, que se observasen tales disposiciones en esta diócesis. Por tanto, diré y publicaré que los calumniadores de los ministros merecen castigo, arrebatando las causas de los eclesiásticos, y entremetiéndose no tocándoles, no para corregirlos secretamente sino para calumniarlos en público, olvidándose que es un sacrilegio despojar del honor a los que David (Ps. 81) llama dioses:

Vosotros sois dioses y todos hijos del Excelso; y a quienes Cristo Señor Nuestro no les llama hombres, como así dice San Jerónimo (Lib. III, comentando el cap. 16 de San Mateo, y se lee en la Homilía de la festividad de los apóstoles Pedro y Pablo). «El prudente lector atienda que por las consecuencias y texto del lenguaje del sermón, de ninguna manera son llamados hombres sino dioses, etc.»

»El Papa Inocencio III (in cap. cum ex iuncto de haeretic) clama contra estos calumniadores, así: «Aunque la ciencia sea muy necesaria a los sacerdotes para enseñar según las palabras proféticas: los labios del sacerdote guardan la ciencia y la ley la medirán de su boca; sin embargo, los escolares no deben censurar a los simples sacerdotes, porque en ellos es honrado el cargo sacerdotal; por lo cual el Señor en la ley mandó no censurar a los dioses, entendiendo a los sacerdotes que por la excelencia del Orden y dignidad del oficio, son llamados con el nombre de dioses».

Después, al fin del mismo capítulo, dice: «Otra cosa es, si el inferior temerario, no con intención de corregir, sino de censurar, se levanta contra el Prelado cuando le toca más bien la obligación de obedecer. Mas si tal vez lo exige la necesidad que el sacerdote por inútil e indigno deba ser removido, se debe promover con orden ante el obispo, quien tiene obligación, como es sabido, de instituir o destituir a los sacerdotes». Véase y téngase presente todo este texto, en el cual consta el modo de corregir a los sacerdotes.

Viene bien a nuestro propósito el texto de la Extravagante (L. I, tít. VIII, cap. 1): Unam sanctam de Majoritate, et Obedientia (Bonifacius VIII, an. 1302). «Luego si se desvía la potestad terrena, será juzgada por la espiritual; si ésta, el menor lo será por el mayor, su superior; pero si la Suprema, solo por Dios y no por el hombre: «conforme a lo que dice el Señor: el hombre espiritual todo lo juzga; pero él por nadie es juzgado».

Aquí se enseña, pues, el modo de corregir, por consiguiente no es lícito desacreditar a los sacerdotes y mucho menos a los Prelados, ni quitarles el honor ni la fama, sin peligro de pecado, grave y obligación de restituir; como tampoco creer los falsos testimonios, que los hombres lijeros con tanta facilidad[58] cuentan con malicia, afección y odio, por no decir costumbre de murmurar; de quienes dice el Salmo 139: «Líbrame Señor, de hombre malvado: líbrame de hombre perverso. Los que maquinaron iniquidades en el corazón: todo el día disponían combates. Afilaron sus lenguas como de serpiente: veneno de áspides debajo de sus labios». No se debe tomar todo a mala parte,

---

58   Véase el texto in cap. quamvis, y el cap non solum, 11, q. 3.

mientras se averigua, sino a lo mejor, como dice el V. Beda en la homilía 6, sobre San Lucas: «Sed misericordiosos, como lo es Dios vuestro Padre».

En este lugar creo que no otra cosa se nos dice, sino que aquellos hechos de que dudamos con qué intención se hacen, los interpretamos a la mejor parte: aquello que está escrito: «por sus frutos les conoceréis», se entiende de lo que es manifiesto que no se hace con buena intención, como el estupro, la blasfemia, la embriaguez, y semejantes, sobre lo que si nos es lícito juzgar; mas en lo contrario, hay evidente peligro de incurrir en detracción o crítica, si es oculto; o en calumnia si es público, lo cual es pecado mortal, no solo cuando se hace con depravada intención, sino también con ligereza, según la gravedad de la materia, fácil de saber según Sto. Tomás (2, 2, q. 72, art. ...y q. 73, art. 1; y q. 74, art. 1 y q. 75. art. 1): particularmente cuando la detracción o calumnia, toca a aquellos cuya vida está puesta como, modelo de imitación, los que, si pueden, están obligados a contener las palabras de los detractores, conforme al mismo Santo (2, 2. q. 72, art. 3) y San Gregorio (Hom. IX sobre Ezequiel).

Porque la detracción sobre los Prelados y sacerdotes el Señor la prohíbe en especialidad). En el Éxodo 22, No critiques a los dioses. Dicho San Gregorio explica lo mismo en el Lib. 2 del Registro, en medio del cap. 72. Ciertamente se debe dejar para que los juzguen sus superiores mayores, o mejor Dios, conforme a aquello, del salmo 81, Dios asiste en el consejo de los dioses; y en medio juzga a los dioses: por esto el Papa Eusebio (carta 2.ª a los obispos de Alejandría), dice:

«Si los detractores, quienes quiera que sean, son juzgados gravemente y caen en el lazo de perdición, mucho más los que denigran, censuran o acusan a los siervos de Dios, serán condenados; porque su injuria hiere a Cristo, pues son sus representantes, conforme a lo que dice el Señor, por el profeta Zacarías 2. «EL QUE OS TOCA, ME TOCA A MÍ, Y TOCA LA PUPILA DE MI OJO».

Y el Papa y Mártir San Anacleto, con más eficacia así se expresa (Carta 13 a los obispos de Italia contra los detractores de sus Prelados): «Los detractores de sus prelados son condenados a Cam, hijo de Noé, quien enseñó a sus hermanos la desnudez de su padre para que se mofaran en vez de cubrirla, porque si el doctor o pastor de la Iglesia se separase de la Fe, los fieles deben corregirle; pero debe tolerársele por las malas costumbres más bien que denigrarle, porque los rectores de la Iglesia deben ser juzgados por Dios».

Esta carta se halla en la Suma de los Concilios, fol. 15, pág. 2, en la voz contra los detractores, que está en armonía con el texto de la Extravagante: Unam sanctam, de Maioritate, et Obedientia citado antes.

De aquí, aquella piadosísima sentencia del Emperador Constantino cuando presidía el Concilio Ecuménico de Nicea, que le llevaron cierta querella de unos clérigos para que la viera, dijo: «A vosotros nadie os puede juzgar, pues estáis reservados únicamente al juicio de Dios; sois llamados dioses, y por lo mismo los hombres no pueden juzgaros».

Mas en especial el piadosísimo Emperador solía decir: «si yo mismo viera a un sacerdote de Dios, o a algún monje, pecando, me quitaría el manto y le cubriría para que nadie le viera». El Papa Nicolás, deseando amonestar al Emperador Ludovico, tan dispuesto a creer los delitos de los clérigos, le exhorta en una carta especial, con esa sentencia:

«Por lo mismo, deseando hijo queridísimo, haceros cauto, que si os sucediere oír algo sobre los sacerdotes del Señor, que con justicia son llamados padres de las almas, que ocasione confusión a las almas piadosas, imitad no al necio sino a los honestos hijos de Noé, cubriendo por consiguiente el decoro del padre, para que cayéndoos la bendición, merezcáis os llene como a ellos sucedió».

En nuestros tiempos no faltan Luises que despedazan el vestido de los eclesiásticos, esto es, el honor, movidos no con otro fin que el odio y la venganza, tal es la perversidad de los hijos de Adán que teniendo dientes en vez de espadas roen, como perros, los huesos desnudos y descubiertos de Iezabel (IV Reyes, c. IX).

Mas no así la piadosa y noble condición de los hijos de Dios, que imitando al profeta Jehú, quien mandó cubrir a la misma Iezabel, gran pecadora, castigada públicamente por justo juicio de Dios, con estas expresiones: «Id y sepultadla», agregando una razón, que viene bien a mi grande intento, PORQUE ES HIJA DE REY. Con razón el Concilio de Viena en tiempo de Clemente V decretó que aunque los religiosos puedan en los sermones reprehender en común los vicios de los Prelados, con tal que sea con prudencia y sin escándalo, sin embargo, si murmuran de ellos o los critican en los sermones nombrándolos, particularmente para agradar a los legos, incurran en pecado mortal. Se refiere esto en la Clement. I in princip. de privileg., donde la glosa a la palabra detrahant, interpreta también, si semejante detracción no se haga nominal sino equipolente para poderse entender.

Lo mismo creo se ha de decir de los predicadores seculares, a los que llamo justificantes, que solo se alaban, y vituperantes, que censuran a los sacerdotes. Sobre esto véase lo que trae Navarro (en el Manual, capítulo 25, núm. 142). Consiguientemente y con razón el concilio de Letrán, en tiempo de León X, ses. 11, además de la dicha pena de pecado mortal, añadió, contra los dichos detractores de los Prelados, Excomunión, Latae sententiae, reservada al Sumo Pontífice (según refiere el citado Navarro en el lugar mencionado) y Cayetano (en la Suma, voz: excomunión, núm. 19).

Avergüéncense, pues, las potestades seculares de detractar a los sacerdotes y religiosos; de creer tan fácilmente a sus calumniadores acusándoles falsamente, debiendo venerarles, particularmente en estas partes de las Indias, donde los indios como monos, imitan a los seglares. Por esto en México los sacerdotes y en especial los frailes, son reverenciados en sumo grado de los indios, por imitar al cristianísimo capitán Don Fernando Cortés, Marqués del Valle.

Una cuestión

¿Puede el obispo de Yucatán, aprehender, encarcelar y azotar, sin el auxilio del brazo secular, a los Indios de esta Provincia, que adoran a los ídolos?
(Continúa)
Elogia al Marqués del Valle don Fernando Cortés

Cuídense los Jueces de proceder contra las personas eclesiásticas, solo por las calumnias de los indios, cuyos dichos y probanzas son desechados por el Derecho como de infieles idólatras, según está expresamente ordenado en el citado Concilio de Lima (Act. 4, capítulo 6) que dice: «Ningún testimonio se admita contra los sagrados Cánones de los indios infieles, pero ni aun de los mismos indios fieles ni de los españoles, si son sospechosos». Concuerda esto con el texto in cap. Suspectus, y con el cap. Nullus 3, q.

5 y con el cap. Testes 4, q. 3, c. Ille quis cap. Qui peierauerit 22, q. 5, que fueron promulgados en honor de los sacerdotes: también tenían los jueces seculares la Excomunión contenida en la bula Coenac Domini contra los que procesan a las personas eclesiásticas.

Si, pues, Dios Óptimo y Máximo mandó en el Antiguo Testamento que los sacerdotes fuesen reverenciados, honrados, oídos y consultados, cuánto más los del Nuevo Testamento que piden a Dios el perdón de los pecados, no con la sangre de las terneras y chivos.[59] En verdad, si en el capítulo XVII del Deuteronomio se dice que en las cosas dudosas, acuda el pueblo a los sacerdotes para que las determinen, con mayor razón en la Ley de Gracia deben los sacerdotes juzgar, diciendo el Señor:

«8. Si acaeciere que penda ante ti, un negocio difícil y espinoso entre sangre y sangre, entre causa y causa, entre lepra y lepra; y vieres que son varios los pareceres de los Jueces dentro de tus puertas; levántate y sube al lugar que escogiere el Señor Dios tuyo. 3. Y te encaminarás a los sacerdotes del linage de Leví, y al que fuere Juez en aquel tiempo; y los consultarás, y te dirán cómo has de juzgar según verdad. 10. Y harás todo lo que dijeren los que presiden en el lugar que escogiere el Señor, y todo lo que te mostraren. 11. Según su Ley; y seguirás su parecer; sin torcer ni a la diestra ni a la siniestra».

Luego los sacerdotes deben ser consultados en nuestro caso sobre castigar y aprehender a los idólatras, quienes por experiencia, trato, constante unión, administración y conversación conocen a los indios por dentro y por fuera, que saben sus costumbres, las dolencias que padecen, como que son luz del mundo, sal de la tierra y ciudades situadas en el monte. Mas, ¡ay dolor! si la sal es insípida por odio, por venganza, por crítica o por murmuración, para nada sirve, sino para que sea hollada por los hombres, particularmente por estos idólatras, que en tiempo de su gentilidad trataban a sus sacerdotes con inaudito honor y respeto, según refiere Fr. Jerónimo Román en su Historia gentílica de los indios (capítulo VI, fol. 362), así:

Eran tan estimados los Sacerdotes entre los Indios, que no sabría yo decir con palabras encarecidas, lo mucho que eran, y el crédito que tenían. Y en cuanto a su alimentación y sustento, véase el cap. IX siguiente: «En el Reyno

---

59   Véase a Bobadilla en su política Lib. 2, cap. 17, núms. 1, 11 y 12.

del Pirú también avía rentas, y bienes de donde se mantenían los Ministros; y sin duda mirados los tiempos, y los Sacerdotes que allí servían, devían de tener grandes heredades, y propios. Lo que se sabe de cierto, es, que los templos dedicados al Sol, tenían los más fértiles campos que avía en todo el Reino, y esto proveyeron los Reyes con gran cuidado; porque ya que huviesse años trabajosos, alomenos, los templos, y ministros sintiessen menos el trabajo, y necesidad. Estas heredades eran labradas en común de todo el pueblo, y primero que las del Rey, y señores; después al Agosto, y cosecha todo el pueblo cogía los frutos, y los ponían en los graneros del templo, y de allí se mantenían todos los Sacerdotes».

Alude a esto lo que se refiere en una cédula Real, fol. 90. en el libro de cédulas, se usava también en México.

Si, pues, los sacerdotes, y ministros idólatras con tal veneración y cuidado eran venerados en cuanto a su alimentación, con mayor razón los sacerdotes y ministros del Dios verdadero, omnipotente, criador, misericordioso, que en el altar de la Cruz derramó su sangre para obtener el perdón de nuestros pecados, deben ser venerados y sustentados por los fieles.

Por tanto no omitiré que los calumniadores de los ministros en esta Provincia, se han atrevido a destruir, a contradecir y a abolir las limosnas de los fieles, particularmente de los indios, afirmando que son arrancadas y contra su voluntad; no atendiendo, cuánto daño y escándalo infunden en las almas de los indios con semejante doctrina, contradicción y prohibición directa, porque si al principio de la naciente Iglesia en estas partes de las Indias estas colectas y contribuciones para el sustento de los ministros se prohibieron, y se señaló a cada sacerdote, ministro de los indios, cierta porción de los mismos tributos que la reciben de los españoles, a quienes llamamos Encomenderos, después por variedad de circunstancias, pues consta claramente que el número de ministros creció, los indios imitaron a nuestros españoles al punto, pues estos durante la misa solemne ofrecen algo a su párroco (que llamamos pie de altar) o besando el manípulo en los días de Pascua, o para los difuntos o para otros objetos, como en toda nuestra España prevalece la costumbre de los católicos tanto en las ciudades como en las aldeas ofrecen pan y vino, y con estas oblaciones es alimentado y sustentado el párroco; todo esto, en verdad, nadie que tenga buena alma, negará que sea loable y piadoso.

Es santo, y plausible rogar por los difuntos (Macab., c. XII) y aún parece conforme a Derecho (texto, in cap. cum secundum Apostolum, de prae- bend. et dignitat.) el que sirve al altar debe vivir del altar.[60] Véase el texto y su glosa in c. omnis christianus, de Consecrat., dist. I, cuyas son estas palabras: «Todo cristiano procure ofrecer algo a Dios en las Misas solemnes y recordar lo que Él dijo por Moisés: no se presentará a mí con las manos vacías».

Los párrafos necesitados pueden inducir a exigir a los fieles como deuda dichas oblaciones, según la glosa voz vacuus; pero no extorsionar, sino que se hagan voluntariamente, pues los santos Padres usaban de estas colectas para socorrer y alimentar a los pobres; pero quién más pobre que el párroco particularmente si es religioso aún y el clérigo no lo es menos, puesto que no puede vivir de otra suerte sino de su misma cosecha y de la mies de Cristo, según aquello del Deuteronomio cap. 25, núm. 4: No atarás la boca al buey que trilla, porque es acreedor de su paga el que trabaja.

Está prohibido a los clérigos que negocien, según todo, el c. Ne clerici vel monachi y la dist. 83. Véase a Bernar Díaz de Lugo y a Salcedo (in. Praxi, cap. 55, y 1. 56, tít. 6, part. I) donde amonesta Gregorio López que debe huirse como de la peste: el Concilio Trid. (sess. 21, cap. 2) que puede compelerse a los pueblos para suministrar a su párroco lo que le basta para el sustento.

Véase el Concil. Trid. (sess. 21, cap. 4 de Reform.) donde se permite a los obispos que dividan las parroquias, cuando lo exige así el número de los fieles, excede a las fuerzas de los rectores, o por la incomodidad de recibir los sacramentos por la distancia de los lugares: como veo ha sucedido en esta diócesis de Yucatán, y lo hice yo mismo, siendo cura de Chancenote, a mis expensas traje un sacerdote que en mi compañía trabajase en la viña del Señor Dios sin orden o mandato del obispo, particularmente porque lo exigía así la distancia de los lugares.

Para mantenerlo, el dicho Concilio, dice: «Y si necesario fuese, puede obligar al pueblo para que proporcione lo que se hubiese menester para

---

60 Y San Pablo, I Cor. c. 9, n. 9. Dichas palabras deben aplicarse a los obreros evangélicos. ¿Acaso Dios tiene cuidado de los bueyes? ¿Y que no por nosotros dice esto? si por nosotros están escritas y añade: ¿No sabéis que los que trabajan en el santuario, comen de lo que es del santuario; y que los que sirven al altar, participan juntamente del altar?

sustentar la vida de dichos sacerdotes». ¿Qué cosa más clara? Por lo cual, no sin razón, culparía a los jueces temporales, que con pretexto de aliviar la carga de los indios, por no decir odio y malevolencia contra los clérigos, se han empeñado en quitar y malquistar a los indios de esta tan loable costumbre de la ofrenda, teniendo esto asegurado con una real ley (L. 3, tít. 3, Lib. I de la Nueva Recopilación) cuyas palabras deben notarse para confusión de los que contradicen tal y tan piadoso uso y costumbre recibida en la Iglesia Católica de oblaciones durante las Misas solemnes.

Esas palabras son las siguientes:[61] «Ordenamos y mandamos, que ningunos Concejos, ni señores de lugares no constringan, ni apremien a los Clérigos, y Iglesias, y Monasterios que pechen ni paguen, ni contribuyan pechos, ni pedidos, ni otros servicios, salvo en aquellos casos que se contienen en la ley deste título, que comiença. Essentos deben ser. Otro si que les no prendan, ni hagan estatutos, ni ordenanças, que les no lleven ofrendas, que les no labren sus heredades, ni les guarden sus ganados, ni compren sus viandas, &c». Véase a Azevedo (in d. 1. 3. tít. 3, Lib. 1) y a Juan Ekium en el Enchiridion contra Lutero (tít. de Immunitate et Divitijs Ecclesiarum), que dice que hoy algunos Príncipes cristianos agravan a los rectores de las ciudades y a los ministros de Dios y se esfuerzan en usar de una grande severidad. Con la cual ley claramente se hace constar, que sin ninguna tergiversación no puede ocultarse la intención de los que siembran la zizaña entre los indios, prohibiendo semejantes oblaciones bajo el pretexto de aliviarlos.

A esto les pregunto en el Señor: ¿qué les parece será peor, que hagan los indios estas ofrendas a Astarot y Baal, sus dioses, para pedir la salud, o al Dios verdadero Trino y uno? ¡Ay dolor! que no saben lo que hacen, tratando de prohibir indirectamente estas oblaciones porque ignoran los abusos, la propensión que tienen los indios al mal, su infidelidad y afecto a los ídolos. Todo esto lo supe muy a fondo 18 años, durante los cuales, aunque indigno sacerdote, los traté, conocí, noté, aprehendí, y lo que mucho se debe meditar y debo CALLAR como sacerdote, a saber: cuando oí sus confesiones sacramentales, atrayendo, arguyendo, rogando y reprendiendo por la predicación, quizá sin provecho a causa del número y peso de mis pecados, pero no sin celo de reducirlos a la verdadera Fe.

---

61   Concuerda con la ley 62, tít. 6, part. 2, que debe verse, allí. Esta honra, &c.

También advertí cuán inclinados, dispuestos y propensos son estos indios para oír y creer cuanto digan los jueces seculares contra los Ministros, porque estos son enemigos de los que les reprenden sus vicios, les impiden sus embriagueces y les quitan la idolatría; cuyos delitos si los Ministros no corrigieran por ahora, digámoslo así, con algún poder, sin duda se desenfrenarían. Porque mientras les temen no osan perpetrarlos, verificándose en ellos aquel conocido verso: «Por temor al castigo los malos aborrecieron el pecado». Nuestro católico rey advirtió y recomendó a los jueces seculares que conservaran ese temor, en la Cédula mencionada en el 5.º Fundamento, dada el año pasado de 1609, que dice: «Y en cuanto pudiéredes no dar lugar a que los Indios pierdan el respeto a los Religiosos, y que tengáis toda buena correspondencia con el Obispo dessa tierra, que dello me terne por servido».

Bastante manifiesto es, que no se hacía así como lo demuestra la misma Cédula, pues refiere que se procesaba a los religiosos; pero ahora este temor ha resucitado gracias a la autoridad y favor del obispo Mtro. Fr. Gonzalo de Salazar, que cual otro Habacuc, enviado en espíritu por Dios a Daniel, así este enviado por nuestro católico rey, confortó a los ministros, que estaban como recluidos en la cueva de los leones, calumniados, despreciados, y encontró que los indios menospreciaban la jurisdicción eclesiástica, por lo cual habían crecido sus delitos, pretendiendo el gobernador que a él solo le tocaba dar el auxilio, y no a los otros jueces inferiores, según consta por la provisión siguiente que el obispo Diego de Mercado, después Arzobispo de Manila, impetró a instancias mías, cuando era su Vicario Provincial en 1608, que así dice:

Provisión Real de México, en que mandó la Audiencia a todas las justicias diessen auxilio a los Juezes Eclesiásticos

Don Felipe por la gracia de Dios, &c. A vos el que es, o fuéredes mi Governador de las Provincias de Yucatán, Coçumel, y Tabasco, y a los Alcaldes ordinarios de la ciudad de Mérida, y otros qualesquier juezes, y justicias de todas las ciudades, villas y pueblos de las dichas Provincias, y Obispado dellas, a cada uno, y qualquiera de vos, a quien esta mi carta fuere mostrada: Sabed que ante el Presidente, y Oidores de mi Audiencia, y Chancillería, que reside en la ciudad de México de la Nueva España, se presentó una petición por Sebastián García Procurador en nombre de Don Diego Vázquez de Mercado Obispo dessas dichas Provincias de Yucatán, por la qual me hizo relación, diziendo, que aviendo hecho cierta causa criminal el Doctor Pedro Sánchez de Aguilar, Provisor del dicho Obispado, contra Diego Pérez Conde, y doña María Tinoco, y Iuan de Candia mestizo, y otros, sobre aver maltratado a un Religioso de la Orden de Santo Domingo, llamado fr. Luis Castilla; y queriéndole ahogar con un mecate, y dádole muchos golpes, aviéndole llamado para este efeto a su casa, por estar distante el pueblo de la dicha ciudad de Mérida, adonde assistís vos, y el dicho mi Governador más de treinta leguas, avía secrestado y embargado con el auxilio del Governador, Alcaldes Indios, algunos bienes de los dichos culpados; y después aviendo pedido el mismo auxilio a los Alcaldes ordinarios de la villa de Valladolid para prender, y embargar, lo avía remitido a vos el dicho mi Governador, y a vuestro Teniente:

Relación verdadera, allí: Competencia
«El qual por favorecer la passión vuestra, y competencia que teníades con el dicho Obispo, su parte», avía despachado Receptor para la dicha causa, constituyendo en culpa al dicho Provisor, por aver procedido a embargo de bienes sin auxilio del dicho mi Teniente, o vuestro, como constava del testimonio que presentó firmado del dicho Obispo, y de Gonçalo Pérez Camelo, Notario público: y era assí, que demás de remediar este caso particular contenido en el dicho testimonio; para cuyo efeto se querelló en forma del dicho Teniente, premissas las solenidades del Derecho, convenía al servicio de Dios, y mío, que en essa dicha Provincia impartiéssedes el dicho auxilio todas y qualesquier justicias seculares, y especialmente los Alcaldes ordinarios de la dicha ciudad, y villas de la dicha Provincia:

Relación cierta, y verdadera, y santa
«Porque de otra suerte aviendo de acudir por el dicho auxilio a vos el dicho Governador, y vuestro Teniente, por la gran distancia que avía de las dichas villas y pueblos, quedarían los delitos sin castigo», y los culpados se irían, y ausentarían con sus personas y bienes; pues como era notorio, y como tal

lo alego, y siendo necessario ofreció información de la distancia que avía desde cada una de las villas de Valladolid, y Campeche a la dicha ciudad de Mérida, que eran más de treinta leguas, y desde la villa de Salamanca avía más de ochenta, fuera de otros pueblos que estavan muy remotos a la dicha ciudad: lo qual era de mucha consideración, assí en delitos leves sucedidos «entre Indios, que devían despacharse sumariamente, como delitos graves de incestos, sacrilegios, e idolatrías, en que incurrían frequentemente los Indios de la dicha Provincia; y por no ser luego emendados y corregidos, se retiraban, e iban a las montañas de Indios gentiles, que estavan por conquistar, si con breve remedio no se prendían, y corregían», y no justificava la fuerça que en esto hazíades vos el dicho Governador, y Teniente en dezir, que avía cédula mía, por la qual se mandava, que en la dicha ciudad de México no diessen el dicho auxilio los dichos Alcaldes ordinarios, porque la dicha cédula no era general, sino para lugar particular, adonde avía mis alcaldes de Corte, y tantos juezes letrados, sin que pudiesse tener riesgo la tardança, y fuera de la dicha ciudad de México, no disponía ni se practicava la dicha cédula; pues de la ciudad de los Ángeles, Mechoacán, y Guadalaxara, y otras partes nos venía a pedir auxilio a la dicha ciudad de México, y si se avía sacado mi provisión, inserta la dicha cédula, cuyo traslado presento, no se devía entender en essa Provincia, sino en la dicha ciudad de México, y de averse mandado despachar, y guardar en essa dicha Provincia, hablando con el acatamiento que devía desde luego suplicava, y pedía se revocasse, y emendasse; y me suplicó, que por lo que tocava al caso particular del dicho testimonio, se nombrasse juez a costa del dicho Teniente, que diesse el dicho auxilio también a costa del dicho Diego Pérez Conde, y consortes; y que generalmente se le diesse mi provisión, para que en essa dicha Provincia todas, y qualesquier justicias, especialmente los Alcaldes de la dicha ciudad, y villas departiessen el dicho auxilio en los casos que huviesse lugar de derecho, sin que fuesse necessario acudir de diferentes lugares a vos el dicho mi Governador, y vuestro Teniente. Y visto por los dichos mi Presidente, y Oidores lo pedido, y presentado en la dicha razón por parte del dicho Obispo, dieron y pronunciaron un auto rubricado con las rúbricas de sus firmas del tenor siguiente.

Auto de la Audiencia 1607 años

En la ciudad de México a diez y nueve días del mes de Iunio de mil y seiscientos y siete años, los señores Presidente, e Oidores de la Audiencia Real de la Nueva España, aviendo visto lo pedido por parte de don Diego Vázquez de Mercado Obispo de Yucatán, cerca de que se nombre persona, que le imparta el Real auxilio en la causa contra Diego Pérez Conde, y los demás culpados en los malos tratamientos de un Religioso de la Orden de Santo Domingo, y que sea a costa del Governador de la dicha Provincia de Yucatán, dixeron, que mandavan, y mandaron se de provisión Real en forma, para que el dicho Governador, y más justicias de la ciudad de Mérida de la dicha Provincia den a las justicias Eclesiásticas el auxilio Real que les pidieren, «conforme a la ley, justificando primero el darlo, y los Alcaldes ordinarios, y demás justicias, fuera de la parte, de donde estuviere el dicho Governador, lo den también con la dicha justificación»;[62] y donde huviere Letrados, lo justifiquen con ellos: y no los aviendo, las dichas justicias vean bien cómo, y de qué manera dan el dicho auxilio, y assí lo proveyeron.

Ante mi Francisco Franco escrivano; y de pedimento, y suplicación de la parte del dicho Obispo fue por los dichos mi Presidente, y Oidores acordado que devían mandar dar esta mi carta en la dicha razón: por lo qual os mando, que siendo mostrado, veáis el dicho auto pronunciado por el dicho mi Presidente, y Oidores, que de suso va incorporado, y guardéis, y cumpláis, y hagáis que se guarde y cumpla como en él se sostiene y declara. Y contra su tenor y forma no vais, ni passéis, ni consintáis ir, ni passar por alguna manera, so pena de la mi merced, e de cada quinientos pesos de oro para mi Cámara.

Dada en la ciudad de México a cinco días del mes de Iulio de mil y seiscientos y siete años. El Doctor Santiago del Riego. El Licenciado don Pedro de Otalora. El Doctor Iuan Quesada de Figueroa. Yo Martín de Agurto escrivano de Cámara del Rey nuestro señor la fize escrivir por su mandado, con acuerdo de su Presidente, e Oidores. Registrada. Luis del Castillo Boorques Chanciller.

---

62   Estas palabras, salvo otro parecer, son generales, y comprehenden a las justicias Indios.

Fecho y sacado, corregido y concertado fue este presente traslado por mi Gregorio de Aguilar Presbítero Notario Apostólico de una provisión Real de la Real Audiencia de México, sellada y firmada de los señores Presidente, y Oidores della, y refrendada de Martín Ossorio de Agurto Secretario de Cámara: lo qual va cierto y verdadero, y se hallaron presentes a el ver sacar corregir y concertar: por testigos el Doctor Pedro Sánchez de Aguilar Vicario general desta villa de Valladolid, y Francisco Sánchez de Aguilar, y Iuan Martín de Aguilar Presbítero. Fecho en la dicha villa en doze días del mes de Diziembre de mil y seiscientos y ocho años; y en fee dello fize aquí mi firma, y rúbrica acostumbrada, que es a tal. En testimonio de verdad. Gregorio de Aguilar Notario Apostólico.

En esta real provisión, como se ve por el texto y por la queja del dicho obispo, bastante consta cuán antigua e inextinguible es la controversia entre el juez real y el eclesiástico tocante a prestar auxilio y aprehender a aquellos que adoran ídolos, por lo cual y por la instancia diabólica que fomenta esta llama, ninguno o insignificante es el cuidado para extinguir esta idolatría.

No me avergonzaré en afirmar que a mis expensas se obtuvo dicha provisión, porque fui el mismo juez, en la causa referida, pedí el auxilio de dicho gobernador indio para secuestrar los bienes tan solo del reo mencionado, para que el juicio no se frustrase por la resolución indefinida del castigo, y al punto recurrí al real juez, alcalde en la villa de Valladolid que distaba de mí 10 leguas y del gobernador 40, y en este asunto la justicia se entorpece por la dilación, se impide el juicio y el fin, mientras se busca este auxilio los indios idólatras se fugan a los montes, allí se defienden, de donde tarde o nunca son aprehendidos.

El Obispo don Gonzalo de Salazar, varón digno de alabanza por su gran caridad en socorrer con limosnas a los pobres, consultó esto que escribí con algunos juristas y teólogos, quienes manifestaron en el Señor y espontáneamente por escrito su conformidad, en esta ciudad de Mérida. Transcribió principalmente el parecer del licenciado Cervera, Lugarteniente del gobernador; era Teniente de don Antonio de Figueroa, que así dice:

Parecer del Licenciado Cervera Teniente del Governador don Antonio de Figueroa, año de 1615

En la questión que de presente se ofrece, si el Obispo destas Provincias, y su Provisor y Vicario general pueden prender, y encarcelar en sus cárceles a los que hallaren por información ser hereges, idólatras, sortílegos, &c. se advierte lo siguiente.

Primeramente, que la Iglesia tiene este castigo encargado desde su principio a los Obispos inter alia munera Episcoporum grauissimum illud praecipue est, oues sibi commissas diligenter custodire, &c. De tal manera que en el Concilio Milevitano cap. 25. Lateranense cap. 3. Basilense sess. 15 se pone pena a los Obispos que en esto fueren remisos de privación del Obispado, como todo esto refiere Simancas de Casil, instit. tít. 25. de Episcopis. Lo mismo encargan los sagrados Cánones muy encarecidamente, y con graves penas, y censuras a todos los Potentados, y justicias que lo impidieren, en tex. in cap. vt inquisitiones 18. de haeres. lib. 6. Por manera que en las tierras de la Iglesia esto no tiene duda, sino que los juezes Eclesiásticos por su propia autoridad, y por sus ministros, si los tienen suficientes para ello, pueden prender a los hereges idólatras, y llevarlos a sus cárceles, sin pedir auxilio al braço seglar.

Digo hereges idólatras, porque toda idolatría es heregía, ex tex. in cap. idolatría 28 q. 1. tex. in cap. CONTRA IDOLORUM CULTORES 26 q. 5. y Simancas vbi sup. entre los delitos de la heregía, y que castiga el santo Oficio, es la idolatría, y es cap. 32. Demanera que en estos Reinos de España hizo duda si los juezes Eclesiásticos por estos delitos podrán prender sin auxilio, porque parece lo defiende la ley 14. tít. 1. 4 nouae Recopil. que dize estas palabras, hablando con los juezes Eclesiásticos: «Porende defendemos, que no sean ossados de hazer execución en bienes de los legos, ni prender, ni encarcelar sus personas, sino que la Iglesia invoque la ayuda del braço secular».

Demanera que esta ley generalmente manda esto, y sin exceptuar ninguna cosa, y así parece atan las manos a los juezes Eclesiásticos, para que por ningún delito puedan prender al lego sin auxilio, Covar. pract. quaest. cap. 10 ex núm. 2. Puesto esto por duda. Pone esta duda: El juez eclesiástico

¿puede por propia autoridad encarcelar a un lego, donde aduce mucho en pro y en contra, guiado por la decisión d. 1. 14, tít. 1, Lib. 4, Recop. Y por fin concluye (in vers. 2): que el juez eclesiástico &c., que sí puede pues le toca este conocimiento, el castigo del crimen, aprehender y encarcelar al lego reo criminal &c.

Demanera que ya tenemos la autoridad de un hombre tan eminente como Covar, ni con solo ella podíamos passar; pero otros le siguen no de menos autoridad, que es Palat. Ruu. in repet. C. per vestras, notab. 1 p. 3. ex núm. 22, vbi facit mentionem d. 1. 14. tít. 1. lib. 4. Auiles in cap. Praet. cap. 20. verb. vsurpan, núm. 14. refiriendo las mismas palabras de la ley del Reino, afirma, que en los casos de la heregía pueden los juezes Eclesiásticos prender a los legos sin auxilio, y para ello alega infinidad de Doctores mucho más que Covar. Y que Palat. Ruui.

Azevedo, que es Doctor de nuestros Reinos, y glossa todas las leyes de la nueva Recopilación, y entre ellas la misma ley 14. tít. 1. que es de la jurisdición Real, pone por limitación a la dicha ley, que no proceda cuando se trata del crimen de herejía a semejante: pues entonces es lícito al juez eclesiástico aprehender a los delincuentes legos, en esto y encarcelarlos: así se usa y practica. Y lo mismo afirma Azevedo en la ley siguiente, que es la ley 15. al principio, adonde dize, que estas leyes del Reino no son visto querer quebrantar la libertad Eclesiástica, que da facultad a sus juezes para que prendan los hereges de su autoridad. Demanera que ya tenemos otra opinión de Doctor del Reyno, y glossador de las mismas leyes, por ser este delito meré Eclesiástico. Alciatus in cap. 1. núm. 73. de offic. ordin.

Gutiérrez, que es otro Doctor del Reino, y de más opinión, y que también glossa las dos leyes del Reyno, in pract. quaest. q. 14 tratando de las mismas leyes 14. y 15. y alegando otros muchos autores, tiene lo mismo que Azevedo, y los demás. Bobadilla en su Política, que es una antorcha, que a todos los juezes guía y encamina lib. 2. cap. 17. núm. 171. dize estas palabras: «En lo que toca al delito de la heregía, por ser privativamente de la jurisdición Eclesiástica por odio especial de este crimen podía el juez Eclesiástico prender, y encarcelar a los legos culpados en él, sin invocar el Real auxilio, &c». Paréceme que con las doctrinas referidas avemos salido de la duda, y queda ya muy llano, que qualquier juez Eclesiástico, sea Obispo, sea Provisor, sea Inquisidor, son juezes competentes destos delitos; y los culpados legos pueden de su autoridad, y por sus ministros prender, y encarcelar, sin invocar el auxilio Real. Digo por sus ministros, que si no los tiene, y no tiene fuerças, en tal caso se ayudará de la fuerça del braço seglar, ex tex. in cap. 1. de offic. ord. y el juez está obligado a impartirle el dicho auxilio, so pena de excomunión, y de privación de oficio, ex tex. in cap. praesidentes, cap. ut officium. p. compescendo, de haeret, lib. 6. y podrá el santo Oficio castigar a estos juezes, que no imparten el auxilio, como sospechosos de la Fe, y más que no se les han de mostrar los autos, ni el proceso, como lo dize Azevedo ubi supra.

Y desta duda salgo agora, porque he estudiado este negocio ex profeso, porque un tiempo sustente lo contrario, de que el Obispo desta Provincia no podía prender los culpados en estos delitos, respecto de no tener familia, ni oficiales, sino que fecha la sumaria información, la avía de remitir al santo Oficio, sin prender culpados. Esto sustente, porque es así doctrina de Simancas en el tratado de Cathol. instit. tít. 25. de Episcopis, núm. 5. vers. Praetereá cum Episcopi, &c. Pero después vi otro tratadillo del mismo Simancas, intitulado «Práctica de Simancas» adonde se corrige de la primera doctrina; porque en el cap. 25 de comprehendendis, núm. 4. El Obispo sin Inquisidor, y éste y aquél, puede mandar que se aprehenda y encarcele para reducirlos, según le pareciere convenir, &c., y alega para esto tex. in Clem. 1. de haeret. Esta misma dotrina sigue Bobadilla ubi sup. núm. 72 adonde dize estas palabras: «Y los Obispos que no puedan guardar tan exactamente el dicho orden, solamente hazer pesquisa contra los hereges, y los prenden, y remiten con las informaciones a los Inquisidores. &c.» Demanera que con esto justamente, con lo demás que he estudiado, yo he salido de mi duda.

Solo agora se ofrecen dos dudas. La una, de que el santo Oficio de la Inquisición no entiende con los naturales destas Provincias, y que assí solo el Prelado ha de proceder contra ellos por este delito de la idolatría, como por otros delitos de su visita.

La otra duda es, que se dize ay costumbre en esta Provincia usada y guardada, de que siempre los Eclesiásticos en estos delitos de idolatría prenden a los legos con invocación del auxilio del braço seglar: la qual costumbre no se puede sustentar, hablando como Letrado Christianamente: porque qué costumbre puede aver, que impugne lo decidido por la Iglesia Católica, y los sagrados Cánones en el lib. 6. de haeretic. y Clementinas que tratan dello; porque esto no sería costumbre, sino corruptela,[63] respeto que no ay costumbre contra ley, que está in viridi observantia, como son los sagrados Cánones referidos. Nulla consuetudo est, quae aut rationem vincat, aut legem, ex tex. in 1. 2. C. quae sit longa consuet. demanera que no ay que hazer caso desto que dizen costumbre.

Y en quanto a la primera duda, de que el santo Oficio no procede contra los naturales, y que asimismo los Prelados no deven proceder con el rigor conque se procede en las prisiones, y cárceles secretas, &c. digo, que en quanto a la pena, y castigo, no se usará con los naturales, como con los demás; pero en la captura, y cárcel secreta no me parece que puede aver diferencia, sino que el Prelado los pueda prender sin auxilio, y darles cárceles rigurosas, y escuras, que todo lo merecen los idólatras, que la adoración devida al Criador, la atribuían al demonio. Y este rigor no fue nuevamente inventado por el santo Oficio, que es doctrina de Platón. Impij secretis carceribus, et mediterraneis coerceantur, &c. refert Simancas cap. ubi. supra, cap. 48. nu. fin. Demanera que en el prender a los idólatras, puede proceder el Obispo, como prenden los Inquisidores; porque assí lo equipara el Derecho in cap. 1. p. propt. quod, in Clement. 4. de haeretic. ipsum tam per Diocesanos Episcopos, quam per Inquisitores, &c.

Pormanera, que resolviéndome, digo, que el Obispo y su Vicario general pueden prender a los idólatras, aunque sean de los mismos naturales de estas Provincias, sin auxilio del braço seglar. Y quando dél tenga necessidad, se lo han de impartir las justicias Reales, so pena de excomunión como queda dicho, sin pedir el processo: y por lo que aquí tengo alegado en Derecho, si yo fuesse juez, se lo impartiría sin ningún recelo de castigo: porque su Magestad, que es la fuente de la justicia, manda se guarde igualmente; y esto es mi parecer, salvo otro mejor, a cuya censura y corrección me subjico. Datum. Meridae 6. non. Agusti 1615.

---

63 Dize que la costumbre que alega el Licenciado Salazar, es corruptela, tex. in cap. fin. de consuetud cap. cum. terra, de elect cap. ex tuarum, de authorit, et usupal. l. 1, C. de curios.

Y satisfaciendo a la duda del señor Governador[64] de que si el Obispo hallando culpado a un Cacique, o otra justicia de uno de los pueblos, que va visitando en el delito de la idolatría, le podrá prender sin auxilio, y encarcelarle, y ponerle en reclusión, sin dar noticia al señor Governador. Respondiendo a esto digo, que le podrá prender, y privarle del uso del oficio, y penitenciarle a su alvedrío, según la culpa, y tenerle recluso, que de todo es juez el Obispo. Y el Cacique, si estuviere agraviado, y puede apelar, apele. Y el señor Governador provea de justicia al pueblo deste Cacique. EL LICENC. CERVERA.

Una cuestión

¿Puede el obispo de Yucatán, aprehender, encarcelar y azotar, sin el auxilio del brazo secular, a los Indios de esta Provincia, que adoran a los ídolos?
(Continúa)
Parecer del Padre Fr. Francisco Gutiérrez, Lector de Teología

Debaxo de mejor parecer digo, que en todo, y por todo me conformo con el parecer del Licenciado Cervera, arriba puesto, por ser muy erudito y sabio, y fundado en la autoridad de gravíssimos Doctores, y en toda verdad y rectitud, y assí doy esto por mi parecer, y lo firmo de mi nombre. En Mérida a 7 de Agosto de 1615 años. FRAY FRANCISCO GUTIÉRREZ.

Parecer del Doctor Gutiérrez de Salas, Relator de la Audiencia de Santo Domingo

Respondiendo a la duda propuesta en el caso de arriba, digo, siguiendo al Doctor Paz in pract. 2. tom. 2. praeludio, núm. 28. 29. y a Castillo in Polit. 1. p. lib. 3. cap. 17. núm. 71. que contra los hereges idólatras se conoce en el santo Oficio de la Inquisición privativé al juez secular, que en el conocimiento destas causas no se puede entremeter en ninguna manera. De donde infiero y saco por consequencia clara, que podrá el juez Eclesiástico, a quien pertenece el conocimiento y castigo del crimen de la heregía prender, y encarcelar de su autoridad al lego reo, que le cometiere; pues según Derecho, a quien se le concede más, también se le concede

---

64   Este parecer fue dos años después del mío. Hablo como Christiano sin temor de su Governador don Antonio de Figueroa.

lo menos. Y esto es común opinión de Canonistas recibida también de los Legistas, secundum 3. Montalbum I. 2. tít. 1. de los que dexan la Fe Católica, lib. 3. del fuero Real de España, que dize, que qualquiera del pueblo pueda prender al herege, dondequiera que lo hallare, sin comissión del juez, como sea hallándole en el hecho, y que sea para llevarle a la justicia.

Razón evidente

Luego si el tal crimen de la heregía es contra la Fe, solo el Eclesiástico conocerá dél? Y si es de tal calidad el dicho crimen, que qualquiera del pueblo hallándolo en él al delinquente, lo podrá prender, y llevar al juez según la ley arriba citada, mejor lo podría hazel el mismo juez, a quien compete el conocimiento, y castigo del dicho delito, y crimen de la heregía de su autoridad, sin invocar el auxilio del braço Real; y assí me conformo con el parecer del Licenciado Cervera, y el del Padre Fr. Francisco Gutiérrez, corroborándole con el que nuevamente alego, que doy mi parecer, salvo otro mejor. Fecho en Mérida a nueve de Agosto de mil y seiscientos y quinze años. EL DOCTOR GUTIÉRREZ DE SALAS.

Parecer del Licenciado Merino Bustos

Vistos los casos, y dudas propuestas en el parecer del señor Licenciado Cervera de Acuña, Teniente general de Governador en estas Provincias, y los fundamentos dellos, y su parecer: digo que soy del mismo parecer. Salvo, &c. En Mérida de Yucatán en 11 del mes de Agosto de 1615 años. EL LICENCIADO MERINO BUSTOS.

Y este mismo año de 1615 vinieron a mis manos los pareceres del Licenciado Salaçar, Teniente que era del Governador don Carlos de Luna y Arellano, y de algunos Doctores de México, los quales siguieron su parecer inadvertidamente, salva pace; y me pareció ponerlos en este informe y un testimonio de las cédulas nuevas, que tuvo el dicho Governador el año de 1610 con que se prueva, que estos idólatras han de ser castigados aora en estos tiempos conforme a Derecho, y leyes destos Reinos.

Parecer del Licenciado Salaçar, siendo Teniente del Governador don Carlos de Luna y Arellano[65]

Dúdase, si el Obispo deste Obispado de Yucatán, y su Provisor pueden prender Indios idólatras sin auxilio de la Real justicia.

A la qual duda respondo, que yo ha veinte y nueve años, que vine a estas dichas Provincias de Yucatán por Teniente de Governador, y siempre he visto, que los juezes Eclesiásticos han pedido auxilio a los Governadores, y a sus Tenientes para prender Indios idólatras, y yo en los años que he sido Teniente, se me ha pedido por los juezes Eclesiásticos muchos auxilios contra Indios idólatras, y los he dado: y por processos que he visto fulminados contra los Indios idólatras por juezes Eclesiásticos, me consta, que desde que estas Provincias se conquistaron, que ha más de setenta y tantos años, se pide auxilio por los juezes Eclesiásticos a la Real justicia para prender Indios idólatras, y sin el dicho auxilio nunca los han prendido: la qual costumbrarse usada, y guardada sin interrumpirse por tantos años se deve observar y guardar en el ínterin que su Magestad otra cosa ordena y manda: y esto me parece. Salvo, &c. EL LICENCIADO DE SALÇAR. Este parecer no tiene fecha, y según tuve noticia, se dio tres años al Governador don Carlos de Luna, pues los Doctores de México lo refieren en su parecer, que es el siguiente.

Parecer de los Doctores de México

Aunque en Derecho es cosa muy dudosa no solamente entre los comunes Escritores, pero también entre los del Reino, si el juez Eclesiástico en las cosas en que tiene conocimiento, inter laicos possit laicum non implorato brachio seculari propria authoritate capere, et in carcerem proprium mittere pro criminis alicuius punitione, quae ad ipsum pertineat. Con todo esso in causis haeresis, et in idolorum cultores, et in crimine sacrilegij, et alijs criminibus, quae sapiunt haeresim, fatentur omnes posse. Ecclesiasticum iudicem capere laicos delinquentes in praedictis criminibus nullo iudicis secularis auxilio implorato. Ora sea, porque este delito es meramente Eclesiástico, et privativé pertinet ad iurisdictionem Eclesiasticam, ora sea in detestationem tanti criminis.

---

65 Sin duda que este parecer fue dado con temor y respeto al Governador, cuyo Teniente era.

Y assí tengo por cosa cierta, según lo referido, que podrá el Obispo, y otro qualquier juez Eclesiástico en los casos susodichos prender los Indios que delinquieren, sin invocar el Real auxilio; y que supuesto que el santo Oficio de la Inquisición no se entiende con los naturales, que podrá el juez Eclesiástico proceder contra ellos, sin remitirlos a su tribunal; pues por la juridición de los señores Inquisidores no quedó derogada la de los señores Obispos para el conocimiento destas causas: si bien es verdad, que comoquiera que la Iglesia no tenga el exercicio del gladio material ad in ferendam alicus mortem, vel membri mutilationem, que en qualquiera destos casos será necessario invocar el auxilio de la Real justicia.

Solo me ha hecho fuerça en esta consultación lo que refiere el licenciado León de Salaçar en su parecer, diziendo, que desde que se ganaron las Provincias de Yucatán, ha avido costumbre en ellas de que los juezes Eclesiásticos no prendan Indios idólatras sin auxilio de la Real justicia: porque como la costumbre y uso en esta materia son tan poderosas, y es sentencia común de los Doctores, que el juez Eclesiástico in casibus, in quibus potest cognoscere inter laicos, poterit eos carceri mancipare, si adsit consuetudo legitime praescripta. Me parece también que la costumbre que ha avido en las dichas Provincias,[66] de que en cosas de idolatría los juezes Eclesiásticos invoquen el Real auxilio para prender, se ha y deve guardar, pues por ella tiene adquirido ya derecho la Real justicia y la costumbre en cosas semejantes la han reputado, y reputan los Doctores por válida y razonable.

Y assí concluyo, que si hay tal costumbre legitime praescripta,[67] y guardada por los juezes Eclesiásticos, que se avrá de estar y pasar por ella: et hoc sentio. Salvo, &c. DOCTOR CRUZATE. Soy del mismo parecer. DON LUIS DE ESQUIBEL SOTOMAYOR. EL DOCTOR LORENÇO DE BAEZA y HERRERA. EL DOCTOR PEDRO MARTÍNEZ. eiusdem sententiae. DOCTOR IUAN CANO. DOCTOR VILLERIAS siento lo mismo. EL DOCTOR LUIS DE CIFUENTES. EL DOCTOR HIERRO. DOCTOR LEÓN DE ROJAS soy del mismo parecer. DOCTOR PEDRO GARCES DE PORTILLO. EL DOCTOR AL-

---

66 Esta no fue costumbre, sino corruptela, vide tex. in c. fin. de consuet. tex. in c. cum. terra, de elect. tex. in c. extuarum de authorit. et usurpal. 1: 1: C: de curios, lib: 12: ad fin.

67 Dixeron bien estos señores Doctores, ibi: Si ay tal costumbre legitime praescripta, que no huvo porque los Obispos la contradezían, y a más no poder, invocavan el auxilio Real.

TAMIRANO. EL LICENC. IUAN BAUTISTA BALLI. EL BACHILLER FRAN-CISCO GARÇÓN.

Este parecer no tiene fecha, y por el contesto dél, y por referir el parecer del Licenciado León de Salaçar, parece que se dio el año de mil y seiscientos y doze, siendo Governador el Mariscal don Carlos de Luna y Arellano, que tenía entonces por Teniente al Licenciado Salaçar.

Villete que embió el Governador don Carlos de Luna y Arellano al señor Obispo Salaçar

En la cédula de quatro de Febrero, de mil y seiscientos y ocho, en que el Rey N. S. da nueva orden en el conocimiento, y castigo de las idolatrías de la Provincia de Yucatán, aviendo tratado dellas al principio de la dicha cédula, que viene dirigida a don Carlos de Luna y Arellano, Governador, y Capitán general de la Provincia de Yucatán, y Reverendo in Christo Padre Obispo della, del mi Consejo, ay una clausula del tenor siguiente: «Porque conviene que sean castigados «los idólatras conforme a la calidad de sus culpas, os ruego y encargo a vos el dicho Obispo que tengáis muy particular cuidado en esto, usando para ello de los medios, y penas más eficaces, guardando lo proveído por Derecho; y de lo que resultare, me avisaréis; y también de la execución, y modo de las dichas reducciones: y lo mismo haréis vos el dicho Governador para que lo tenga entendido todo».

Cédula de 1608

Y en otra cédula de nueve de Diziembre de mil y seiscientos y ocho ay un capítulo del tenor siguiente: «Aviendo visto lo que en carta de veinte de Abril del año passado escrivís acerca de las idolatrías de los Indios, y lo que convendría ordenar para su remedio, he mandado advertir de todo al Comissario general de las Indias, que reside en mi Corte, para que ordene que aya en essa Provincia Religiosos de la edad, exemplo, y partes necessarias para que cessen los inconvenientes que dezís, y los Indios tengan la dotrina necessaria. Y al Virrey de la Nueva España le ordeno, que hable sobre lo mismo al Comissario general, que está allá, de que os he querido avisar, para que lo tengáis entendido; y por vuestra parte procuréis escusar estas idolatrías, pues veis quanto importa al servicio de Dios, y mío, y bien de las almas de los pobres Indios, que al Obispo tengo escrito sobre ello, y que los Clérigos de las dotrinas procure sean de las partes, que conviene, para que hagan el fruto que se pretende».

Cédula de 1609

Y por otra su Real cédula de veinte y dos de Octubre de mil y seiscientos y nueve ay otro capítulo que dize assí: «Luego que aya llegado el nuevo Obispo, pondréis en execución lo que está ordenado acerca de las idolatrías, y reducción de los Indios dessa Provincia, y la de Bacalar; y de lo que hiziéredes, me avisaréis para que lo tenga entendido».

Concuerda con sus originales, que yo el presente escrivano fize sacar dellos de mandamiento de su merced el Mariscal don Carlos de Luna y Arellano Governador general por el Rey nuestro señor en estas Provincias, que interpuso su autoridad, y decreto judicial, y lo firmo de como quedan en su poder, que va tal. EL MARISCAL. En fee de lo qual di esta corregida con los originales, siendo testigo el Sargento mayor Christóval Gutiérrez Flores. En testimonio de lo qual fize mi signo a tal. En testimonio de verdad. IUAN BAUTISTA REJÓN ARIAS escrivano público del Número, y Cabildo.

Este testimonio fize sacar, para que el señor Obispo se entere de lo que su Magestad tiene mandado acerca destas idolatrías, como a su Governador, y Capitán general juntamente con su señoría: y que para cumplir lo que se manda, he de tener conocimiento de lo que se hiziere, y agora no me entremeto en el castigo, ni medios para él; pero es bien que se adviertan todas las comisiones, y que hablan con Governador, y Obispo. Y por tratar lo que toca a Religiosos, no la he enseñado hasta agora, suplico a su Señoría la guarde para sí.

Habla el autor[68]

Esto está de letra del mismo Mariscal, la qual conozco muy bien, por averle escrito muchas vezes, y respondídome, y vístole escrivir. Y en estas palabras da a entender, que ha de tener conocimiento de las causas: lo qual es contra todo el Derecho Canónico, y lo dispuesto por los Breves Apostólicos en esta materia proveídos. Y es cosa indubitable, que las causas de heregía,

---

68   Se ha intercalado este título, que falta en el original, para mayor claridad. (N. del T)

y apostasía no deven comunicarse a ningunas justicias Reales. Y assí se buelven las nuezes al cántaro, como dizen, y se queda la dificultad en sus mismos principios; pues el dicho Mariscal Governador dize: «He de tener conocimiento de lo que hiziere». Y si el Rey nuestro señor, y su Real Consejo no declara distintamente lo que se ha de hazer, será atar las manos al Obispo, o por lo menos se dilata el castigo con tales competencias.

Respuesta al parecer del Licenciado Salaçar y Doctores de México

Al parecer del Licenciado León de Salaçar respondo, que no niego que aya sido Teniente General muchas vezes sub diversis correctoribus, ni niego que se le aya pedido, y él concedido el auxilio Real para prender, y castigar idolatrías; porque esto fue en casos de inquisición secreta, quando los idólatras estavan ocultos, y no se sabía dellos manifiestamente, ni ellos sabían que estuviessen acusados, o denunciados, y estando seguros sin temor de fuga. Claro está, que el Obispo no les prendía sin auxilio Real, no porque ignorase lo dispuesto en Derecho, sino porque en aquel tiempo que refiere el Licenciado Salaçar, no estaban los idólatras tan desvergonçados, y atrevidos, y descarados, como oy: en cuyos ídolos tropceçamos los Eclesiásticos cada día, cogiéndolos sobre ellos in fraganti, como cogí, y prendí los del pueblo de Cehac en una hora; y porque los Obispos entonces apenas tenían un Fiscal, ni avía Español que lo quisiesse ser, por el poco o ningún provecho que tenían.

Y a falta de familia concedo, que algunos Obispos pedirían el auxilio Real; pero no concedo que fuessen con conocimiento de causa, y de la sumaria ni el dicho Licenciado Salaçar dize tal en su parecer, mirándolo letra por letra, y si dize, ibi: «Que por processos que he visto fulminados contra Indios idólatras por los juezes Eclesiásticos, me consta que desde que estas Provincias se conquistaron, que ha más de setenta y tantos años, se pide auxilio por los juezes Eclesiásticos a la Real justicia para prender idólatras».

No dize, ni afirma que fuesse con vista del proceso, ni tal vi desde mi niñez, que me crié en casa del señor Obispo don Gregorio de Montalvo, el qual relaxo al Doctor Palacios, Oidor de México, Visitador destas Provincias, muchos idólatras, que fueron desterrados a las fuerzas de La Habana, y Vera

Cruz; y quando visito, el dicho Obispo la Provincia de Petu, vi que castigo, y prendió algunos idólatras sin auxilio, porque esta Provincia está treinta leguas desta ciudad, y no pudo en dos, o tres días, que se detenía en cada pueblo, embiar a pedir auxilio.

Y assí es falso el fundamento en que se funda el Licenciado Salaçar; porque si dize en tantos años, habla como testigo de veinte años; y testigo por testigo más antiguo soy yo en este Obispado, donde nací; y mejor pude yo ver lo que afirmó de aver el Obispo Montalvo prendido, y castigado idólatras sin auxilio Real; pues como digo, fui su page muchos años, hasta que fue al Concilio Mexicano, y assí niego la costumbre prescrita, que dize: la qual contra tantos Derechos, y Bulas, que están in viridi observantia, no se puede llamar costumbre prescrita, antes la llamaremos corruptela contra bonos mores: lo qual pruevo con este discurso.

Discurso del Autor

Si huviera Inquisidores en esta Provincia, avían de invocar el Real auxilio a su voluntad, como lo dize la Bula de Iulio III, no teniendo bastante familia para prender. Luego no por esso se avía de introducir costumbre por semejantes actos contra la libertad del santo Oficio, y la Iglesia Católica, que es menor. Con lo qual queda respondido al parecer de los Doctores de la Universidad de México: los quales (salva pace meorum condiscipulorum) se fundaron en la costumbre falsa, en que se fundó el dicho Licenciado Salaçar, cuyo parecer embió al Governador don Carlos de Luna a México.

Y al principio confessaron quan fundado es mi parecer en este informe, y destruido el fundamento de su parecer, que es la costumbre que dize el Licenciado Salaçar, todos se conforman con el mío, de que doy gracias a nuestro señor, cui opera mea dico. Y assí no es de maravillar, que el Governador don Carlos de Luna y Arellano afirmasse en el testimonio que embió al señor Obispo don Gonçalo de Salaçar, donde dixo de su letra, que avía de tener conocimiento de las causas para impartir el auxilio, siendo contra los Derechos alegados, y Bulas Apostólicas, porque habló como Cavallero de capa y espada; pero también me conformo con lo que el dicho Licenciado Salaçar dixo a la postre, que se deve guardar lo que su Magestad mandare, y ordenare en la prisión y captura de estos idólatras.

Y confiesso sin arrogancia alguna, que si tal parecer como este del Licenciado Salaçar huviera dado, me tuviera por muy desdichado,[69] y temiera el castigo de Dios nuestro Señor en su último juyzio universal, pues por el se ha quedado la dificultad de prender, y castigar a estos idólatras in fraganti, en el mismo ser que de antes, y en la misma competencia de los dos braços, seglar, y Eclesiástico. Y fiado en este parecer el Mariscal don Carlos de Luna y Arellano se arrojó a dezir lo que de su letra dixo al pie de los testimonios de las cédulas Reales, que dio el escrivano de Cavildo, Iuan Bautista Arias Rejón, en que dixo avía de tener conocimiento de las causas.

Y si el Rey nuestro Señor no declara esto, y permite que sin auxilio del Governador desta ciudad, con el de los Governadores, y Alcaldes Indios se puedan prender los idólatras que se hallaren in fraganti, y de quienes se tema fuga, será este pecado perpetuo en este Obispado: lo qual se deve llorar con lágrimas de sangre. Y dado caso que se huviesse de pedir el auxilio Real forçosamente, y no a voluntad del Obispo, o Inquisidores en esta ciudad para prender los idólatras que están veinte, y treinta, y quarenta, y más leguas, claro está, que el Governador no ha de embiar allá a sus Alguaziles, y familia; porque a estos se ha de dar salario para el camino, y los Governadores, y Alcaldes de los pueblos, quando ayuden al Obispo, y a sus Vicarios a prender, no llevan salario alguno, por ser Indios los delinquentes, cuyas causas se hazen breve, y sumariamente, y no les condenan en pena pecuniaria, por ser pobres, y por estar assí mandado por cédulas de su Magestad. De donde se sigue que al cabo, alcabo con auxilio del Governador desta ciudad, o sin él se han de prender estos idólatras, por los Governadores, y Alcaldes Indios de los pueblos, donde los huviere.

Los Governadores passados pensaron que podían más que el Obispo en esta materia

Y a mi parecer (salvo el de quien mejor sintiere) la piedra en que topa este arado, no es otra cosa, sino querer los Governadores desta Provincia supeditar a la Iglesia, y sus juezes, y Eclesiásticos, y dar a entender a los Indios, que él solo es el exe y quicio del govierno temporal, y espiritual; siendo dos los polos desta Monarquía, y dos las luzes que la alumbran;

---

69   Se ha intercalado este título, que falta en el original, para mayor claridad. (N. del T.)

pero la una mayor que la otra: y la luz de la una participada de la otra, que es el Sol y Luna, como lo dice Gratiano en el cap. duo. 96. dist. cap. solitae, de maioritat. et obedient. Y porque esta materia es sutilíssima, y peliaguda, passo al propósito, y afirmo, que estos idólatras deven ser presos por los Obispos, e Inquisidores sin el auxilio Real, o por sus Vicarios; y porque estos no tienen fuerças, ni familia para prender, es forçoso valerse del Real, o por sus Vicarios; y porque estos no tienen fuerças, ni familia para prender, es forçoso valerse del Real, no ex necessitate iuris, sino ex necessitate familiae.

Y la costumbre que el Licenciado Salaçar dize, a que los Doctores de México se arriman, no induce ley, ni derecho precripto, pues se ha de presumir que las vezes que el Obispo pidió auxilio, y yo le pedí, fue a más no poder por falta de fuerças, y ministros, y el santo Oficio tiene oy Familiares para prender hereges, y apóstatas; y assí raras vezes pide auxilio, y es voluntariamente, como lo dice claro la Bula de nuestro muy santo Padre Iulio III sino es que digan los contrarios, que esta se entiende en las tierras del Papa tan solamente.

A lo qual digo, que el Papa es juez universal en todo el mundo, y con su Santidad, y con los sucesores de San Pedro habla Dios por Hierem. cap. I. Ecce constituite super gentes, et Regna, ut evellas, disipes, aedifices, et plantes: vitia scilicet, ut in glos. verb. evellas, d. cap. solite. Y por no errar en materia tan grave, buelvo a afirmar que el Rey nuestro señor, y su Real Consejo deve dar forma y modo para la captura de estos idólatras, y más in fraganti, y quando ay temor, y sospecha de fuga.

Apuntamientos del repertorio
Y después de aver alçado la mano de este informe, bolví a ver, y rever el Directorium Inquisitorum de Eimerico, del qual saque los apuntamientos siguientes, que se podrán ver en prueva de todo lo contenido en este papel.

Los idólatras niegan a Dios
Que estos idólatras niegan a Dios, véase el Directorio de Inquisidores, con el comentario 26, que dice: «Niegan más a Dios con los hechos que con las palabras, como elegantemente lo enseñó Eymerico (Part. 2. q. 50) y se pre-

sume que cree siente aquello que hace: cuando por los hechos se conoce la voluntad (1. reprehendenda, C. de instit. et substit. 1. de quibus, ff. de leg.»

Los idólatras no tienen excusa

El Directorio tratando de la culpabilidad del que blasfema por furor (2 part. q. 41, tom. 7 y 8) así dice: «Los que adoran a Mahoma, al ídolo, o al demonio por miedo de la muerte, o de que se les corte una parte de su cuerpo, o de perder la fama, en el fuero interno no se excusan de pecado mortal (tex. in cap. sicut sancti 32, q. 4), ni en el extremo de idolatría y apostasía de la Fe: por consiguiente ni de herejía, según Raymum (tít. de apostatis)».

El idólatra es herege, si es baptizado

El comentador del Directorio (comentario 66, al fin, 2 par.) dice así: «Según esto, juzgo que debe entenderse y moderarse lo que enseñan Albertino sobre el conocimiento de las afirmaciones (q. 8, núm. 12, y la q. 30, núms. 3 y 11) y Simancas sobre las instituciones católicas (32 de idololatría, núm. 7), a saber: que por el acto herético, cual es la adoración de los ídolos o de Mahoma, al punto debe reputarse al que lo haga como hereje».

Una cuestión

¿Puede el Obispo de Yucatán, aprehender, encarcelar y azotar, sin el auxilio del brazo secular, a los Indios de esta Provincia, que adoran a los ídolos?
(Continúa)
Basta a los Indios tener noticia explícita de nuestra Santa Fe

Para la obligación que tienen los indios, véase el Directorio (1 par., q. 4, núm. 4) lo que dice con estas palabras: «Porque a los simples legos basta que tengan una noticia explícita de los Artículos (de la Fe), con los que la Iglesia se contenta, ni deben examinarse de las minuciosidades de la Fe, sino cuando se tenga sospecha de que los herejes los hayan depravado».

Qual se dize Apóstata

El comentador del Directorio (2 par., q. 69, com. 74) sobre apóstatas dice: «La apostasía es una voz griega, que significa en latín: conjuración, separación, y el apóstata con propiedad está en el 3 significado que trae Eymerico, que es el que conviene al objeto de esta cuestión, y no a los demás apóstatas; llámase apóstata el que apartándose completamente de la Fe ortodoxa profesa la secta judaica, pagana o mahometana: tal fue en otro tiempo Julián Apóstata (Cap. non potest. 2, q. 7 y Cap. Julianus 11, q. 3.)»

Que si ay temor de fuga se prendan luego

Sobre la captura, cuando se teme la fuga, véase el Directorio (3 par., com. 16, núm. 73) que dice: «Si el inquisidor viese que el hecho está plenamente probado o que hay grandes indicios, y vehementes sospechas contra el acusado y se teme su fuga, como si sabe que se inquiere contra él por herejía, mándelo aprehender».

Que los idólatras sean presos por los Obispos y puestos en sus cárceles

Y para el punto de las cárceles, y que los jueces seculares no se entremetan, véase el Directorio (3. par., q., 35): «Y que envíen o hagan que sin demora sean enviadas dichas nocivas personas en poder o a la cárcel de los obispos o de los mencionados inquisidores, o al lugar que él o alguno de ellos los confinasen dentro del dominio de dichos señores o del distrito de los rectores: donde queden asegurados con estrecha y diligente custodia por varones católicos nombrados por los referidos dos obispos o inquisidores o alguno de ellos, hasta que termine su negocio por juicio de la Iglesia».

Que los Juezes Reales no se entremetan en conocer, ni juzgarlos

Y en el núm. 4. «También prohibimos estrictamente a las potestades de los señores temporales y rectores, y a sus dichos oficiales, que ellos de ninguna manera conozcan o juzguen sobre este negocio siendo meramente eclesiástico, ni a los aprehendidos en dicho crimen sin licencia o mandato de los referidos obispos, o inquisidores (o al menos de algunos de ellos) libren de la prisión, ni impidan que se cumpla lo dispuesto sobre este crimen por el Diocesano, por los inquisidores, o por el inquisidor, prontamente según conviene se haga en virtud de su oficio: ni presuma estorbar directa o indirectamente o de otra manera el juicio, sentencia o proceso de los diocesanos o inquisidores», cuyas palabras son del cap. ut Inquisitionis, de haeret. in Sext.

Que el oficio del Obispo y de los Inquisidores es uno mismo

Sobre que el oficio del Inquisidor y Diocesano es el mismo, véase el Directorio (3 Par., q. 85) que dice: «En las Letras Apostólicas de Alejandro IV se dice: así como os confiamos el oficio de Inquisidor contra la perversa herejía, para que podáis conseguir con más libertad y eficacia el interpretarla y declararla, no os apartéis, sino uníos a los Ordinarios de los lugares, o sus Vicarios, con quienes tenéis el mismo oficio».

Afirmar que no es herético o esperar respuestas del demonio, es escandaloso. Véase al fin del Directorio entre las Letras Apostólicas la Bula de Sixto IV.

Que no vean los Juezes seculares los processos

Inocencio, en una Bula que se halla entre las Letras Apostólicas recopiladas por el Directorio, manda que los jueces seculares estén obligados, sin que conozcan el proceso, a ejecutar la sentencia; así lo dice: «Como semejante crimen de herejía sea puramente eclesiátstico, y no pueden quedar los delitos sin castigo; por el tenor de las presentes os encargamos y mandamos que si así es, ordenéis y mandéis bajo pena de excomunión y otras censuras eclesiásticas a dichos oficiales de la ciudad de Brescia que al cabo de seis días después de haberles notificado debidamente, sin que vean los procesos hechos por vosotros, ejecuten sin tardanza vuestras sentencias fulminadas contra tales herejes sin que tenga lugar la apelación». Lo mismo dijo León X a los obispos de Venecia, como se ve entre las Letras Apostólicas del Directorio, fol. 99.

Que la comunicación de los españoles les es mui útil

El Papa Paulo III en su Bula que comienza: Cupientes (que trae el Directorio entre las Letras Apostólicas, fol. 111), insinúa que es muy útil el trato de los indios con nuestros españoles.

Si los recién convertidos bolvieren al vómito

El dicho Paulo III manda que sean castigados los neófitos que volvieren al vómito (de la idolatría); así se lee al fin de la mencionada Bula: «Si descuidasen los neófitos enmendarse después de una monición canónica, y se descubriese que han vuelto a judaizar, se proceda contra ellos, como pérfidos herejes, por los ordinarios de los lugares, según lo dispuesto por los sagrados cánones, no obstante las constituciones y apostólicas ordenanzas, mandando para el efecto de estas Letras casar y anular, y declarando casadas y anuladas, cualesquiera gracias, indulgencias, cartas aún apostólicas, reales o imperiales de cualquier modo otorgadas a los mismos judíos o infieles, que de alguna manera redunden en perjuicio de la Fe Católica, del nombre de cristiano o de lo expuesto».

Que no vean los processos los Juezes Reales

El Papa Julio III, en su Bula que trae al fin el Directorio fol. 118, manda que de ninguna manera se enseñen los procesos a los jueces seculares. Lo mismo se halla en el Repertorio, voz inquisitio, dice así: «Si el Papa señala cierta forma para la comisión de averiguar, el Inquisidor la debe reservar».

Tienen los Obispos obligación de hazer Inquisición cada año sin adjuntos

«También los diocesanos están obligados, a lo menos una vez en el año, por sí o por otros, a buscar a los herejes donde se diga que los hay». Cap. Excommunicamus extra de haeret. También la palabra Excommunicatio: «El obispo cuando procede en caso de herejía, no tenga por adjuntas dos personas religiosas, como el Inquisidor, porque él solo procede por vía ordinaria».

No se extinguió la potestad de los Obispos por aver Inquisidores

También la palabra Episcopus: «Acaso por que se haya comisionado a los inquisidores se pierde la potestad Ordinaria del obispo diocesano? Se debe responder que no. Sobre esto conviene conocer lo anterior».

Sudó una Santa Imagen de la Madre de Dios en Aragón

Y no vendrá fuera de propósito para saborear en algo este prolixo informe, traer a la memoria lo que leí este año de 1613 en un librito de la expulsión de los Moros de España, que escrivió el Licenciado Aznal, Cura en un lugar de Aragón, el qual cuenta, que al tiempo que se repartieron los Moros de Granada en toda España, en cuyas guerras murió el señor don Alonso de Aguilar, de quien desciende el señor Marqués de Priego, cabeça de la Casa de Aguilar de Ézija, sudó una imagen de la Virgen sanctísima en tanta cantidad, que cogieron deste sudor una redoma, al qual se guardó y conservó, por más de cien años por reliquia milagrosa, y los devotos Christianos pedían una gota desta santa agua en algodones para las enfermedades de los ojos, e oídos; y que al tiempo de la expulsión de los Moros el año passado de 1610 hallaron esta agua consumida, y la redoma seca. Milagro en prueva, de que estos Moros avían de ser Christianos fingidos, como lo fueron hereges, y menospreciadores de nuestra sagrada Religión.

Sudor de la Santa Imagen de la Madre de Dios en esta ciudad de Mérida

Y lo mismo sucedió en esta ciudad de Mérida el año de 1592 que aviendo embiado a México la santa Imagen, que está en la Puerta del Perdón, tras el Coro de la Iglesia Catedral desta ciudad de Mérida, a renovarla a México, al tiempo que la sacaron del caxón en que venía en casa de un devoto Mayordomo suyo, llamado Gerónimo de Castro, hallaron la santa Imagen con mucho sudor en el rostro; y comunicándome el caso los que lo vieron, me pareció atribuirlo al nuevo barniz que le pusieron en México, y no a milagro; y después que leí el libro que refiero del Licenciado Aznal, lo atribuyo a milagro, y sentimiento de la Madre de Dios, de que la bolviessen a este Obispado, donde la ley santíssima de su divino Hijo estava, y avía de ser menospreciada de aquestos Indios idólatras.

Otra Santa Imagen sudó

Y agora pocos años ha sudó otra santa Imagen de la Madre de Dios en la Parroquia de Santa Ana, extra muros desta ciudad de Mérida, lo qual no vi;

pero fue muy público y notorio, como lo dirán el Cura y los que lo vieron: de donde se puede colegir piadosamente lo mismo que en Aragón. Y porque es justo que aya memoria desto, me pareció escrivirlo en este informe, y fue rara bien que huviera informaciones destos dos casos notables para gloria y honra de Dios nuestro Señor, y su santíssima Madre.

Llovió sangre en el distrito de Valladolid año 1607

Demás desto el año passado de 1607 llovió en muchos pueblos del distrito de la villa Valladolid sangre por el mes de Diziembre, como fue público, y me certifico averlo visto Fernando de Recalde Sacerdote, y los Indios del pueblo de Tixcacal lo certificaron a los Alcaldes de la dicha villa: presagios, y documentos manifiestos de la ruina y castigo que se puede temer contra estos idólatras; pues en los libros de los Mancebos lib. 2. cap. 5. leemos aver parecido en las nubes exércitos, y esquadrones sobre la tierra Santa. Y el cometa que vimos quando el rey don Sebastián de Portugal passó a Berberia. Y las vezes que en el santo Sepulcro de Santiago de Galicia se han oído caxas y atambores. Y lo que se cuenta de la campana de Belilla, juicios son ocultos de la divina Providencia, que previene con señales a su Iglesia.

El duende de la villa de Valladolid año 1560

Tampoco vendrá fuera de propósito traer a la memoria quán perseguida, y alborotada, y escandalizada estuvo la villa de Valladolid mi patria los años de 1560 según mi cuenta con un demonio parlero, o duende (caso estupendo, e inaudito) que hablava, y tenía platica de conversación con quantos querían hablarle a las ocho, o diez de la noche a candiles apagados, y sin luzes: el qual hablava al modo y voz de un papagayo, y respondía a quanto le pedía un hidalgo Conquistador, llamado Iuan López de Mena natural de Logroño; y otro Conquistador, llamado Martín Ruiz de Arce de las montañas de Burgos, en cuyas casas este duende hablava y conversava más que en otras, los quales le mandavan tocar una vihuela, y la tocava diestramente, y sonava castañetas, y bailava, tocándole otro, él se regozijava, y reía (pero no le vieron, ni se dexó ver;) y preguntándole donde avía estado dos, o tres noches, que no avía venido a conversación, dezía que avía estado en esta ciudad en casa de un Conquistador llamado Lucas de Paredes, yerno de un hidalgo vezino de la dicha villa, llamado Alvaro Ossorio, natural de Salamanca, Conquistador assimismo, porque dezía, que era su aficiondao, y dava razón de su salud y sucessos.

Caso de admiración

Otras vezes hablava mal de algunas doncellas, y a una levantó un falso testimonio; cuyo padrastro la trató mal injustamente, pues a un demonio no se deve dar crédito, que es padre de mentiras, testimoñero, y cizañador. Preguntándole quién era, y de dónde, afirmava que era Christiano, y de Castilla la vieja, y rezava el Páter noster, y otras oraciones. A los principios no hazía daño alguno, ni fue perjudicial en estas dos casas donde hablava, aunque en otras lo era, y tirava piedras, sin hazer daño con ellas, y hazía ruido en las azoteas, y zaquizamies, con que espantava a los que no le avían oído hablar; y muchas vezes tirava con huevos a las mugeres, y doncellas. Y enfadada una tía mía, le dixo una vez: Vete demonio desta casa, la dio una bofetada en la cara, dexándole el rostro más colorado que una grana.

Quiere el Cura conjurar a este duende, házele una burla

En otras casas hazía ruido, y no más, y luego iba a las dos, que él más cursava, y haziendo ruido, y silvos como una chicharra, se reía, y cantava lo que le avía passado en las otras casas, y los assombros y espantos que avía hecho. Sucedió que el Cura de aquella villa, llamado Tomás de Lersundi, le quiso conjurar, para lo qual llevó el ritual y manual, e hisopo debaxo la capa, y disfrazado una noche fue a una de las dos casas donde hablava, y le esperó a que hablasse, y, aunque lo llamaron no vino, ni habló; e ido el Cura, hizo el ruido que solía, riyéndose muchíssimo, y buelto el Cura a su casa, donde avía dexado la mesa puesta para cenar, y una fuente de buñuelos, y una limeta de buen vino, cerrada la casa, halló en la fuente mucho estiércol de su mula, y la limeta llena de orines añejos; y al punto que el Cura salió del conjuro que iba a hazer; riyéndose mucho, dixo el duende, el Cura me quería coger, pues no me cogerá, allá verá en su mesa con quien se burla.

Caso redículo del duende

Y rogándole que dixesse lo que passava, dixo la burla dicha, y por la mañana la contó el Cura a todo el pueblo. Hazía un alacrán de cera, o una sabandija, y la pegava a la pared para assombrar a algunos. Sucedió que el Conquistador Iuan López de Mesa estando en esta ciudad preso, le habló al oído una noche, y le dixo estas palabras: Amigo, tu muger te ha parido un braguilote, y a la mañana lo contó a todos los presos; y de allí a pocos días le vino carta, en que le avisavan aver parido su muger un hijo, y esta ciudad está treinta y quatro leguas de Valladolid. Y sabiendo el señor Obispo los falsos testimonios que dezía, y los denuestos con que infamava a algunos, mandó con graves censuras, que ninguno le hablasse ni respondiesse.

Y cumpliendo con estas descomuniones, los vezinos dexaron de hablarle, y responderle: por lo qual dio este demonio, o duende en llorar, y quexarse del Obispo, y en hazer mayores ruidos y golpes, y estruendos en las azoteas y terrados, con que assombrava, y quitava el sueño. Después desto dio en quemar las casas, que entonces, eran las más de paja, y de unas palmas, que llaman Guano: por lo qual los vezinos acudieron al favor divino, y se juntaron en la Iglesia, y pidieron al Cura echasse suerte por un Santo abogado, y prometieron de celebrar su fiesta con processión al Convento de S. Francisco, y les cupo en suerte el bienaventurado San Clemente Papa, y Mártir, que es a 23 de Noviembre, y en este día voy trasladando este informe para lo imprimir, siendo Dios servido, y en su nombre acuso a mis compatriotas en el descuido que vi en ir a la procession, dexando solo al Cura, siendo el voto de la villa en común, y de sus padres, y abuelos. En el retablo de la Iglesia está este Santo con un demonio atado.

Calló por más de treinta, o quarenta años, hasta los años de 1596 que siendo yo Cura en la dicha villa, bolvió este demonio a infestar algunos pueblos de mis anexos, quemando las casas de los pobres Indios, y en particular en el pueblo de Yalcoba, de donde fui llamado por los Indios devotos para que le conjurasse y desterrase de aquel pueblo, donde a medio día puntualmente, o a la una de la tarde entrava en un remolino de viento, levantando gran polvareda, y con un ruido como de huracán, y piedra passeava todo el pueblo, o la mayor parte dél: y aunque los Indios se prevenían luego en apagar aprisa el fuego de sus cezinas, no aprovechava; porque de las llamas con que este demonio es atormentado, despedía centellas visibles, que como unas cometas nocturnas, y estrellas errátiles pegava fuego a dos, o tres casas en un instante, y dellas se abrasava la que no tenía gente bastante para apagar el fuego con valdes de agua, y mantas mojadas, con que tenía a los miserables Indios assombrados, y temerosos, y se salían a dormir a la sombra, y abrigo de sus árboles, frutales, altos y coposos.

Y aviendo yo llegado a este pueblo, y comunicado con los Indios la Missa cantada, y solenme que pedían, la misma noche por su despedida quemó una cassa bien grande. Y aviendo otro día dicho Missa cantada a la intercesión del Arcángel San Miguel abogado destos Indios, hize mi oficio de Cura en la puerta que cae al Sur conjuré a este demonio, y con la Fe, y zelo que Dios me dio, le mandé que no entrasse más en aquel pueblo, con que cessaron los incendios, y torbellinos a gloria y honra de su Divina Magestad, que tal poder dio a los Sacerdotes. Con lo qual bolvió este demonio a infestar y perseguir la dicha villa de Valladolid con nuevos incendios en las casas de los pobres vezinos, que no eran de texa; y poniendo cruzes en todos los cavalletes, cessó este daño por algunos años, aunque todos lo atribuían a los muchos hechizeros, encantadores, y idólatras destos tiempos, lo qual no dexa de tener fundamento, y sospecha verisímil. E yo tuve preso a uno natural del pueblo de Tecoc gran idólatra encantador, que encantava, y cogía con la mano una víbora, o culebra de cascabel con ciertas palabras de la gentilidad, que escriví por curiosidad, que no son dignas de papel y tinta (ne fortè) hasta dezir que en ellos invoca al demonio, y Príncipe de las tinieblas y cavernas.

Cavernas, y balsas de agua, que llaman Cenotes

Ay tantas en aquel territorio, que assombran y espantan, y las mas tienen una gran balsa de agua fría, y delgada, y sanísima, que llaman Cenotes, y las mas tienen de hondo veinte, y treinta, y quarenta braças de hondo, y están doze, o catorze estados de la superficie de la tierra a baxo; y algunos tienen baxada fácil para entrar los mancebos a nadar, y otros ninguna, y baxando a baxo, se ve la peña viva, y gruessa, que los cubre; porque los más destos cenotes tienen grandes boquerones, y luz suficiente, y son algunos tan anchos como una gran plaça, o solar, y mirando desde abaxo arriba, espanta y atemoriza el ver, y considerar si aquella peña cayesse, el daño que podría hazer. Mas la naturaleza las fixó en sí de tal suerte, que sobre estas peñas ay casas, y templos edificados de cal y canto, como el Convento de S. Francisco de la dicha villa, que está sobre una balsa destas con pocos boquerones, que la hazen escura; y los que han baxado abaxo por una soga, por no tener entrada, me certifican, que está tan ancha como dos quadras. Estas balsas son ríos, que corren por sus veneros ocultos a la mar, y tienen algún pescado.

Siete naos perdidas en el cabo de Cotoch

Por estas cavernas y cuebas no tiembla la tierra como en México, y Guatemala, de las quales salen a tiempos grandes turbiones de vientos, que pienso (sino me engaño) causan los huracanes que en esta tierra vemos, los quales alcançan a la mar, que está a veinte leguas; y por uno que corrió el Agosto del año passado de 1611 se perdieron siete naos de la flota de Nueva España en la isla de Cotoch: desde el qual no corre río alguno sobre la tierra hasta el pueblo de Champoton, que hay más de cien leguas, y de allí adelante ay infinitos hazia Tabasco, Alvarado, y S. Iuan de Ulúa, proveyó la divina Bondad, que esta tierra de Yucatán fuesse muy lloviosa y húmeda, que la hazen fertilíssima, aunque muy caliente. En 21 grados, poco más, o menos hazia el Polo Ártico, o Norte corre la costa desde el dicho Cabo de Cotoch, Leste, Veste casi cien leguas hasta la punta de Piedras, que es adelante del Puerto de Zizal; y de allí corre Nordeste, Sudeste hazia la villa de Campeche: de cuyas montañas, que son muchas hazia la Zeiba, Champoton, Tichel hasta el pueblo incógnito de la laguna de Tahytça, dirá otro que las sepa y aya visto.

Isla de La Habana. Ingleses infestan a Yucatán

Dista el Cabo de San Antón, que es la isla de La Habana, al de Catoch poco más de ochenta leguas, Nordeste Sudueste. Los puertos desta tierra son muy infestados de enemigos, adonde se acogen a esperar los navichuelos que van y vienen de La Habana con bastimentos desta tierra, y los vezinos de Valladolid salen cada año dos, y tres veces veinte, y treinta leguas a echarlos en que gastan más de lo que valen sus cortas Encomiendas, mas a imitación de sus pessados hazen lo que pueden en sustentar la tierra para que no entren Ingleses Luteranos a manchar, y contaminar la santa Fe Católica destos Indios. Es patria, y assí refiero sus trabajos por el amor della: Dulcis amor patriae, sed sapientis est carere ea; duri vero non disiderare.

Isla de los Alacranes, y las Arcas

Es tierra baxa sin sierras, ni altos, solo se halla unas veinte, o treinta leguas del Puerto de Zizal, que corre por Maní, y Tecax, hazia Vacalar, y el golfo Duze tiene una isla en frente del Puerto de Río de lagartos, que llaman los Alacranes, y otra que llaman las Arcas en frente del Puerto de Campeche. Al passar las flotas que vienen de España, por los dos Cabos toman la sonda, y por ellas saben el parage en que se hallan: tiene enfrente Norte Sur, la costa de la Florida, y Cabo de Cañaveral, de donde empieça el golfo, que llaman Mexicano. Del Cabo de Cotoch hazia Vacalar, y el golfo Duze corre la costa Norte Sur, y Nordeste Sudueste, donde se hallan las islas de Nizuc, isla de Mugeres, Coçumel, de allí adelante una infinidad dellas sin gente.

Y si alguna ya, son las apóstatas idólatras, que huyen desta tierra de Yucatán a sus idolatrías. Disgresión ha sido esta fuera de mi profesión, re-mítome a la carta, de marear en lo que errare, y a los mapas que tenemos de Flandes, y a los que professan el arte de la navegación milagrosa, en que pienso que los nuestros Españoles son los más acertados.

Los de Cozumel son grandes idólatras

Advierto que los Indios desta isla de Cozumel son grandes idólatras el día de oy, en la qual puso Cortes la primera Cruz, de que Chi Lancabal habló; y usan un baile de su gentilidad, y flechan bailando el perro que han de sacrificar; y quando han de pasar al pueblo de Ppole, que es la tierra firme, usan muchas supersticiones antes de embarcarse, y passar aquella canal, que corre con más velozidad, que un río caudaloso: y haziéndome relación destas supersticiones cierto Cura dellos, le reprehendí, porque no desterrava estas abusiones, e invocaciones que hazían al passar este braço de mar, me respondió indiscretamente, que deseaba vivir, y temía no le ahogassen al passar; y dentro de pocos años sucedió la desgracia de otro

Cura, que dizen los castigava, y lo ahogaron, dexando trastornar las canoas, que son sus barquillos: lo qual se prueva, pues todos los Indios remeros se escaparon, y solo el pobre Cura se ahogó.[70] Requiescat in pace.

Parece que fuera acertado despoblar esta Isla, y que los Indios se passassen a Tierra firme a las tierras valdías, que escogiessen, que son muchas. Propóngolo in Domino.

Abusiones que tienen

Las abusiones y supersticiones, que usan, y heredaron de sus padres estos Indios de Yucatán, son muchas y varias: las que yo pude alcançar, pondré en este informe, para que los Curas las reprueven, y reprehendan en sus sermones y pláticas.

Creen en sueños, y los interpretan, y acomodan según las cosas que tienen entre manos.

En oyendo el graznido de un páxaro, que llaman Kipxosi, sacan, y coligen mal sucesso de lo que están haziendo, y lo tienen por agüero, como los Españoles con la zorra, y el cuclillo.

Si el que va caminando, topa una piedra grande de muchas, que se levantaron para abrir los caminos, la reverencia, poniéndole encima una rama, y sacudiendo con otra las rodillas, para no cansarse, tradición de sus passados.

Quando va caminando alguno a puesta de Sol, y le parece, que ha de llegar tarde y noche al pueblo, encaxa una piedra en el primer árbol que halla, para que el Sol no se ponga tan presto, o se arranca las pestañas, y las sopla al Sol: embuste de sus passados.

En los eclipses de Luna usan por tradición de sus passados hazer que sus perros aúllen, o lloren, pellizcándoles el cuerpo, o las orejas, y dan golpes en las tablas, y vancos, y puertas. Dizen, que la Luna se muere, o la pican un género de hormigas, que llaman Xubab. Estando una vez en el pueblo de Yalcoba, oí gran ruido en el eclipse, que huvo aquella noche, y en el sermón que les hize otro día, les di a entender en su lengua la causa del eclipse,

---

70   Dize el Autor, que se tuviera por muy desdichado, si tal parecer huviera dado, como el del Licenciado Salazar y Doctores que le siguieron ex suppositione, que avía costumpre.
Ahogaron a su Cura Francisco de Aguirre. También ahogaron dos Sacristanes, que llevó un Religioso, que los visitó el año de 1580. fr. Pablo Maldonado.

explicándoles su definición, según el Filósofo. Eclipsis Lunae est interpositio terrae inter Solem et Lunam, cum Sol est in capite, et Luna in cauda draconis, y con una naranja en la mano, y dos candelas encendidas a los lados a falta de la esfera de Sacrobosco, les di a entender con argumento, y evidencia ocular lo que es eclipse: de que quedaron admirados, y muy contentos y risueños, y corridos de su ignorancia, y de la de sus passados, y encargue al Cacique castigasse en adelante a los que hiziessen el ruydo.

Una cuestión

¿Puede el obispo de Yucatán, aprehender, encarcelar y azotar, sin el auxilio del brazo secular, a los Indios de esta Provincia, que adoran a los ídolos?
(Continúa)

Eclipse de Tixcancal

Otro año que vi avía de aver eclipse de Luna por un Lunario que cada año se imprimía en México de un muy acertado Astrólogo llamado el Licenciado Brambila. Hallándome en el pueblo de Tixcancal, previne, y dixe en el sermón como avía de aver eclipse a las ocho de la noche y mande no hiziessen, el ruido que solían, dándoles a entender lo mismo que en Yalcoba, y quiso Dios que el eclipse començasse luego a la hora que les dixe, y vinieron los Caciques a mi casa admirados de ver quán cierto fue lo que les dixe, y fueron muy contentos con aver sabido la causa de estos eclipses. Y en esta ocasión les traté del eclipse sobrenatural del Sol, que huvo en la y muerte de Christo nuestro Redentor.[71]

El cura ha de ser afable, y a vezes severo

Con lo qual me estimavan los Indios en sumo grado, teniéndome por científico con esta palabra Ahmiatz, y otras veces me llamavan Yoat, que quiere dezir Poeta, porque les dava villancicos para cantar el día del Corpus y Navidad, explicándoles lo que querían dezir en su lengua: donde colijo quán útil sería darles coplas en su lengua, y que el Cura sea afable con ellos, juntándolos a conversación amigable algunas vezes, y tratándoles de cosas de

---

71 Gustan mucho de oír, y saber cómo se forman los rayos, los relámpagos, y las aguas, con que los entretenía mucho.

España, y de la Corte de nuestro Rey y señor de su govierno, y Monarquía, y el amor que su Magestad les tiene, y deseo de que sean verdaderos Christianos; y vez huvo, que un Indio buen Christiano lloró lágrimas, oyéndome dezir, que también los Españoles fuimos idólatras antes de la venida de Christo, y de Santiago a España.

Hechizería

También usan llamar a ciertos Indios viejos hechizeros que ensalmen con palabras de su gentilidad a las mugeres de parto, a las quales confiessan, y a algunos enfermos. Esto no pude averiguar, de que estoy muy arrepentido.

También ay Indios hechizeros que con ensalmos curan a los mordidos, o picados de víboras, y culebras, que ay infinitas de cascabel; los quales rabian, y se les pudren las carnes, y mueren. Y el remedio que les di, por averlo oído, es que bevan escrementos de hombre, o el çumo de limones, o les pongan luego en la picadura el siesso de un ave de las nuestras viva, hasta que las chupe la ponçoña de la víbora, y la gallina muere luego, y le pongan otra y otra.

Quando hazen casas nuevas, que es diez a doze años, no entran en ellas, ni las habitan hasta que venga el viejo hechizero de una legua, y dos, y tres a bendezirla con sus torpes ensalmos, lo cual oí dezir: pésame de no averlo averiguado.

Sortílegos

Son sortílegos, y echan con un gran puño de maíz, contando de dos en dos, y si salen pares, buelve a contar una, y dos, y tres vezes, hasta que salga nones, y en su mente lleva el concepto sobre que va la suerte, verbi gratia. Fluyose una vez una niña de una casa, y la madre como India llamó a un Sortílego destos, y echó suertes sobre los caminos, y cupo la suerte a tal camino, y embiando a buscar la niña, la hallaron en el pueblo de aquel camino. Castigué a este sortílego, que era de un pueblo una legua de Valladolid, y examinándole de espacio, hallé, que las palabras que dezía mientras contava el maíz, no eran más de dezir nones, o pares: Huylan nones: Caylan pares: y no supo dezir, si invocava al demonio con ellas, porque el Sortilegio era simplicíssimo, y casi tonto.

Indias hechizeras

En esta ciudad de Mérida es público, que ay algunas Indias hechizeras, que con palabras abren una rosa antes de sazonar, y la dan al que quieren atraer a su torpe voltintad, y se la dan a oler, o se la ponen debaxo de la almohada, y que si la huele la persona, que la da, pierde el juizio por gran tiempo, llamando al que la avía de oler, y para quien se abrió la rosa. Digna cosa del remedio, y castigo, si es verdad, y más si esta mancha cae en blanco. También ha avido fama, que las Indias desta Ciudad echan en el chocolate ciertos hechizos, con que atarantan a sus maridos: la voz oí, pero no sabré dónde cantó el gallo.

También advierto lo que en mi niñez vi, que ahogan en un hoyo los perritos que crían para su regalo y comida, que son unos de poco, o ningún pelo, que llaman tzomes, abusión judaica, que veda el Apóstol, ut abstineant se a suffocatis, &c.

Contestación a los argumentos[72]

Por el delito se hazen súbditos al Obispo los idólatras

Tratemos ya de los argumentos: AL PRIMERO. Contestó que los indios aunque no estén en lo temporal sujetos al obispo, sin embargo por razón del delito sí lo están, como lo enseñan todos los doctores, y particularmente el citado Avilés (sobre las leyes 14 y 15, tít. 1, Lib. 4 de la Recopilación). Creo que debe decirse que dichas leyes proceden en el caso de nuestra primera conclusión, cuando el obispo lo hace en causas leves del 1er. modo, según dije en el Fundamento Décimo, y entonces debe siempre pedirse el auxilio del brazo secular: no así cuando lo hace por causa de herejía o que a ella sepa, o de apostasía, como es la idolatría, porque entonces procede del 2.º modo, no tanto como obispo sino como Inquisidor por Derecho común (según consta en todo el texto De Haeret. Extrav. y en el Sexto), cuando así sucede debe usar de igual derecho y potestad que los inquisidores según se ve expresamente en d. cap. Per hoc, de Haeret, en el Sexto) como dije en el Fundamento Décimo.

---

72   Se ha intercalado este título, que falta en el original, para mayor claridad. (N. del T.)

También porque los indios no son ahora súbditos de los inquisidores sino solo del obispo y cuyo proceso y expediente no debe enseñarse a los jueces seculares, como se hace;[73] y queda dicho en el caso de la 1.ª conclusión, porque las causas de Fe son de orden muy superior: así consta en la Bula citada de Julio III, que indudablemente debe verse en el Directorio de inquisidores, al fin, fol. 117.

«Ninguno de las dichas potestades, amos, rectores, o sus dependientes absolutamente conozcan, ni juzguen sobre el crimen de herejía, por ser puramente eclesiástico, ni se opongan al obispo diocesano o a los inquisidores, en el asunto de su inquisición, o lo impidan en algo, ni se atreva a dar a sabiendas, auxilio o favor a los que lo impidan, incurriendo en la pena de eterna condenación contra aquellos que se opongan a lo que promulgaren».

Además: «De ningún modo estorben o perturben a los diocesanos, a los mismos inquisidores en el asunto de su inquisición, ni en el conocimiento o juicio sobre el crimen de herejía, aun con el pretexto, motivo u ocasión de su asistencia o favor, sino solo cuando fuesen requeridos por los mismos obispos o inquisidores por su espontánea y deliberada voluntad».[74] También: «Queremos queden sujetos a iguales censuras los mismos obispos diocesanos e inquisidores si permitiesen que los legos en algún modo conocieren o juzgaren sobre dicho crimen». «Desta Bula se coligen tres cosas:

«La primera, que ningún juez secular impida al Obispo, o Inquisidor, ni se entremeta a conocer de causa de Inquisición, ni a juzgar en manera alguna so pena de excomunión. La segunda, que den auxilio cada y quando que pedido fuere. La tercera, que si el Obispo o Inquisidor permitiere, que justicia seglar se entremeta en conocer, y juzgar causas de heregía, sea descomulgado el tal Obispo, o Inquisidor».

AL SEGUNDO ARGUMENTO. Respondo: que la potestad concedida nuestro rey Felipe por el Sumo Pontífice Alejandro VI para la conversión de los indios, no deroga la de los obispos e inquisidores contra la perversa herejía y apostasía dada por el Derecho, y esto el católico rey no lo puede atacar ni con ley ni con decreto.

---

73   Los procesos en caso de heregía, o apostasía, como lo es la idolatría, no se pueden comunicar a los jueces Reales.

74   Los Obispos pueden, si quisieren, en casos de heregía, y apostasía invocar el auxilio Real.

Véase en el «Repertorio de inquisidores» la palabra cognoscere. Mas si mandó que Fr. Diego de Landa dejara de castigar a los idólatras, como dijimos en el Fundamento Tercero, con justa razón y por piqueya de la ley lo pudo hacer; pues al principio de la Iglesia naciente en estas partes de las Indias, no fue conveniente ni conforme a la razón castigar a estos idólatras con el rigor del Derecho porque entonces los indios eran neófitos, como niños en la lactancia, recién convertidos a nuestra Fe.

Nuestro rey, impulsado por estas causas, mandó que los castigaran con pena más benigna, en atención a que eran neófitos, según consta en los decretos alegados en este argumento; pero en nuestros días, siendo los indios capaces de engañar, astutos, atrevidos, audaces y más antiguos en nuestra Fe Católica, deben ser castigados no como neófitos, conforme a lo que dijimos en el Fundamento, sino según el derecho común, por el pecado de idolatría, y así consta en la carta que nuestro rey mandó a la Audiencia de México, la cual veremos en la respuesta 3.ª, y en dicha nueva cédula se lee: «Usando para ello, de los medios que os pareciere más convenientes».[75]

El medio para castigar cuando los prenden in fraganti, es detenerlos en la cárcel con esposas o grillos, como dice la Clamentina I. De Haeret. Luego si elige el obispo este medio aprehendiéndolos in fraganti, lo podrá hacer sin auxilio, en virtud de lo ordenado por el Derecho y por nuestro rey, como muchas veces así ha sucedido; y yo mismo lo he hecho encerrando bajo su segura guarda, castigando con misericordia a los que lo merezcan, y entregando al juez lego los que justamente deban ser entregados.

Muchas veces leemos en las Santas Escrituras que Dios Óptimo y Máximo prohibió castigar a los Amorreos cuya iniquidad aún no se llenaba; pero no por esto se libraron después de él o del exterminio, como sucedió con el rey Amalec (I Reyes 15). Así nuestro rey Felipe, hasta ahora detuvo el debido castigo de los idólatras por semejante crimen, pero cuya iniquidad se ha llenado ya por ser hijos y nietos de los neófitos.

Mas no debe dudarse que esto le toca a nuestro rey, como columna real de nuestra Fe, particularmente en estas regiones donde atrae y atrajo a los indios a la Fe, según la referida Bula del Sumo Pontífice Alejandro VI y no

---

75 El medio que el Obispo elige, es prenderlos in fraganti sin auxilio del Governador, que reside 30 y 40 leguas.

solo por su autoridad real sino por la de dicha Bula: y aunque en virtud de esta detuvo el castigo de la idolatría, cuando mandó suspender a Fr. Diego de Landa[76] y le llamó a España (como dijimos en el Fundamento Tercero), sin embargo, no debe presumirse que por dicha cédula enviada en 1599 al gobernador, haya confiado el conocimiento de esta materia a los jueces seculares.

En ella se lee: «Y procuraréis remediar lo que toca a la idolatría, como más convenga al servicio de Dios nuestro Señor:[77] ¿porque estas palabras deben entenderse en general, esto es, incitando para que auxilien a los obispos; mas no para que conozcan sobre este delito que privativamente pertenece al juez Eclesiástico».

Los Obispos y Vicarios son los verdaderos juezes

También consta con bastante claridad «que es mayor servicio de Dios N. S. que los Obispos, y sus ministros, a cuyo cargo están las almas, de que han de dar cuenta estrecha, sean juezes para inquirir, y castigar este enorme pecado; pues por derecho, y Bulas, que ellos son juezes, y no la justicia Real», como dijimos en la pág. 263,[78] porque no es permitido ni a los reyes ni a los príncipes conocer del crimen de herejía, según el Tex. in c. ut inquisitioni, de Haeret. Lib. 6, que debe verse, y sobre todo la Bula de Gregorio XIV que Fr. Manuel Rodríguez trae en sus cuestiones (tomo 2., q. 50): Gregorio López en el L. 5, tít. 26, part. 7, y Bobadilla (antes citado, núm. 70, caso 36) dice:

«Caso treinta y seis es contra los Idólatras adevinos, y contra los que creen en ellos, y contra los Hereges, en lo qual los Obispos y sus Vicarios

---

76 Si el Rey N. S. mandó llamar al Custodio fr. Diego de Landa, sería porque assí convino en la Primitiva Iglesia desta provincia.

77 Incita el Rey N. S. a sus juezes ayuden al castigo de idólatras, pero no dize, que conozcan de los processos.

78 Discurso del Autor
Si huviera Inquisidores en esta Provincia, avían de invocar el Real auxilio a su voluntad, como lo dize la Bula de Iulio III, no teniendo bastante familia para prender. Luego no por esso se avía de introducir costumbre por semejantes actos contra la libertad del santo Oficio, y la Iglesia Católica, que es menor. Con lo qual queda respondido al parecer de los Doctores de la Universidad de México: los quales (salva pace meorum condiscipulorum) se fundaron en la costumbre falsa, en que se fundó el dicho Licenciado Salaçar, cuyo parecer embió al Governador don Carlos de Luna a México.

proceden, y conocen contra legos, y personas de otros estados, sin que el juez seglar pueda, aunque sea por vía de incidencia, o de quitar las fuerças, entremeterse civil, ni criminalmente en ello; porque el castigo deste crimen pertenece privativamente a la jurisdición Eclesiástica mas de executar el castigo por remisión y entrega que se haze al braço seglar, so pena, que por qualquier jurisdicción que exerciessen, o resistencia que en esto hiziesen, serían excomulgados, y sujetos a la jurisdición Eclesiástica».

Este moderno así lo enseña, porque la idolatría sabe a herejía como queda escrito en el Fundamento Tercero; véase al mismo Gregorio López en la Ley 58, tít. 6, part. I. la glosa final, cuyo parecer, como de tan cristianísimo doctor, está fundado, porque si por negligencia del juez secular, especialmente en lugares remotos que no se puede acudir fácilmente al rey, puede el obispo proceder en las causas de personas miserables (como son estos indios): así lo trae Sto. Tomás (2. 2. q. 40, art. 2, en la respuesta a lo 1.º), diciendo que los Prelados deben resistir, no solo a los lobos que espiritualmente matan al rebaño, sino también a los raptores, a los tiranos, que lo vejan corporalmente; pero sin usar armas materiales en su persona sino espirituales, conforme a aquello del Apóstol a los de Corinto (2.º, cap. X, v. 4):

«Las armas de nuestra milicia, no son carnales, sino poderosísimas en Dios», las cuales son: provechosas advertencias, devotas oraciones, y la sentencia de excomunión contra los rebeldes, como hace poco lo hizo el obispo Mtro. Gonzalo de Salazar contra el Lugar Teniente del Gobernador de esta Provincia, a quien con justicia excomulgó después de haber empleado saludables moniciones, por haber negado la apelación a cierto indio don Pedro Canche, gobernador del pueblo de Tekal, a quien azotó públicamente, porque había pedido limosna para comprar una capa de seda destinada al culto divino, por orden de su Ministro a sus vecinos, que les estaban a su cuidado, hallándose congregados en la Iglesia en diversos domingos. El azotado fue restituido honrosa y públicamente a su primitivo honor por la Audiencia de México, a instancias del obispo, y el Lugar Teniente destituido, según se ve en el respectivo proceso.

De aquí se colegirá cuánto sea el celo del obispo para castigar a los idólatras y para defender a los oprimidos, conforme a la doctrina del dicho Gregorio López. Respecto a la ordenanza dada en 1574 por la Real Audiencia de México, que impedía al obispo Diego de Landa castigar a estos idólatras, bastante se descubre, por las notas al margen de dicha ordenanza (pág. 201), que se obtuvo, como queda dicho, por sujestión y ayuda del demonio, según consta en la relación del que la solicitó. Parece que el Profeta Oseas previó esta contradicción, pues dijo: «Tu pueblo es como aquellos que contradicen al sacerdote» (IV, 4).

En dicha relación se ocultó la verdad; esto es: que el obispo castigaba la idolatría, y se asentó la mentira acusando falsamente al obispo. Diré: «Y sin culpa, y razón alguna en todos los dichos pueblos, que avía llegado, avía fecho muchos castigos». Por tradición de mis antepasados supe que la verdadera y realmente ese castigo fue contra los idólatras, condenados por sentencia de la Santa Inquisición, y al mismo obispo oí que exhumó los huesos de cierto indio noble llamado Cocom en el pueblo de Sotuta, los sacó de la iglesia y los quemó, porque después de muerto fue probado que era idólatra: si no se hubiera cesado de castigar este pecado, no habría crecido; pero con el favor divino, con la orden de nuestro católico rey y con la vigilancia del obispo, espero que se exterminará.

AL TERCER ARGUMENTO. Concedo que los indios adultos, que recibieron el agua del Bautismo por su pie, fueron como plantas nuevas y que deben ser tratados como párvulos; pero no así sus nietos y bisnietos que ahora viven, cuyos delitos no se deben juzgar como de párvulos o de menores, porque su malicia suple lo que antes parecía faltaba a aquellos, según lo demuestra la experiencia, maestra de las cosas; así la palabra por aora que emplea nuestro rey en sus decretos citados antes en contrario:

«Tengan manera como los refrenar dello por aora con amonestaciones, sin castigallos por ello en sus personas, y bienes».[79] En estos tiempos no tienen aplicación, porque la malicia de los indios ha crecido a tal grado, que no temen cometer estos delitos, ni vacilan en volver a la idolatría.

Si, pues, en la Real Audiencia de México se observan y están vijentes estas disposiciones, es porque los indios son corregidos, según vi durante diez años (cuando estuve de colegial en el de Todos Santos), por medio de destierro, azotes, degüello y último suplicio, etcétera, por delitos comunes, cuanto más lo serían por este horrendo, torpe y nefando si lo cometieran,

---

79 Esta ordenanza solo se entendía con los Noófitos.

que según mi juicio es debido a la Cédula siguiente o carta correctiva de dichas disposiciones, la cual se halla en el fol. 121 del Libro de Cédulas.

Cédula correctoria

«En lo que dezís, que vista la flaqueza de los naturales, y la facilidad que tienen en cometer delitos, ni convenía, por el presente executar en ellos el rigor de las leyes, ni que quedassen, sin castigo, os pareció, que en los delitos que mereciessen muerte, se les comutasse la pena en hazerlos esclavos, y señalarlos con cierto hierro, que para ello se tenía.

Lo qual consultado con su Magestad, lo aprovó, pareciéndole cosa conveniente y acertada: pero como sucedió la nueva ley, que prohíbe que por ninguna vía ni delito, que cometan, se hagan esclavos, se ha dexado aquella orden y manera de castigar, hasta lo consultar con su Magestad; y que se execute en ellos el rigor de la ley, o se condenen a servicio temporal, sin les echar en el rostro señal alguna; y que lo uno pareció sobra de rigor en gente tan flaca; y lo otro no bastante castigo: porque como no se condenan por esclavos, ni se les echa hierro, con que eran conocidos, y los bolvían, si se huían, se huyen casi todos los que se condenan a servicio y se cobran pocos, y que assí los delitos quedan sin castigo, y los que arrendaron el servicio, quedan defraudados de lo que dieron; y nos suplicáis mandemos lo que en ello hagáis. Y si echara alguna señal a los que se condenan a servicio temporal para que sean conocidos. Acá parece que se guarde cerca dello las leyes del Reyno, y assí lo haréis. Y en lo que conforme a ellas pudiéredes arbitrar, minorando, o creciendo, lo haréis conforme a las leyes dichas y leyes y calidades de las personas, año de 1549».

Ordenança para la Nueva-Galicia

Cuya ley parece se observa, porque es posterior a las referidas disposiciones que se promulgaron en 1530. Así consta claramente en la Instrucción que nuestro rey dio para los indios de la Nueva Galicia, que se encuentra en el mencionado Libro de Cédulas, fol. 159. «E no han de tener los Indios en público, ni en secreto Cues, ni adoratorios de sus demonios, sino las Iglesias, que los Christianos hizieren: porque los Christianos que hazen semejantes cosas, caen en pena de muerte. Ítem que no tengan ídolos de ninguna manera, porque los Christianos, en quien se hallan, caen en pena de muerte». Véase, pues, cómo nuestro rey indicaba el castigo de los idólatras.

Pena contra los Sodomitas

Si pues, los sodomitas conforme a las leyes del reino (y la Ley 1 cum vir. c. ad legen Julian, de adult.) son quemados porque mudan el orden natural, con mayor razón los idólatras que trastornan el divino quitando el divino honor al numen señalado en nosotros para tributarlo a la multitud de dioses que veneran, no habiendo más que un solo Dios Criador del cielo y de la tierra.

Así Santo Tomás (2. 2, q. 94, art. 16). No siendo lícito adorar mas que a solo Dios (tex. in cap. non licet, 26, q. 5; tex. in cap. Considera 22, q. 1); por tanto no lo es adorar a los ídolos, demonios, o elementos como el Sol, la Luna, las estrellas; siendo la adoración acto de latría, según Santo Tomás (2. 2, q. 88, art. 1) únicamente se le debe a Dios. Así se lee en el Repertorio de Inquisidores en la voz adorare.

Así como en la República terrenal parece cosa muy grave que alguno tribute el real honor a otro sino al rey, pues en cuanto pende de él perturba todo el orden de la República; así también sucede con el pecado de idolatría, que se comete contra Dios, parece que es cosa gravísima y el máximo pecado que alguno tribute a la criatura el honor divino, porque en cuanto pende de él, forma en el mundo otro Dios, disminuyendo el principado divino, según dice Villadiego (Lib. de haeret, q. 5. núm. 5).

Los idólatras piden a sus ídolos la salud

Si contra los adivinos, sortílegos, encantadores, y que cortan LA ROSA DEL CAMPO, para alivio del enfermo, se impone la pérdida de la vida y de los bienes por las Leyes 5.ª y 6.ª, Tít. IV de la Recopilación, con mayor razón contra estos idólatras que creen y afirman que se obtiene con sus ídolos la salud y los bienes temporales por el incienso y sacrificio de sangre.

«Sangrándose en la lengua, y orejas, y ofreciendo en sus «patenas de tablillas su sangre, y la de sus hijos, como lo averigüé al muchas veces en sus confessiones iudiciales; y de sus ofrendas, y tortas reparten a todos, y a sus enfermos, y consortes por vía de comunión; y llevan destas ofrendas pabas y pabos a sus fautores, y encubridores», conque no es lícito alimentarse (según consta in cap. sicut santius 32, q. 4, 1. nemo c. DE PAGAN. «de que fue avisado por un Religioso cierto personage, a quien regalavan Idólatras conocidos con semejantes ofrendas».

Las palabras del texto son: «Así como es más santo morirse de hambre, que alimentarse de lo ofrecido a ídolos», etc., véase el tex. in cap. Turbatur 1, q. 4. «Si alguno os dijera que esto se ha inmolado a los ídolos, no lo comáis».

Los idólatras no son niños, sino adultos y ancianos

No obstan los derechos alegados en favor de los menores: en contra, pues respondo: Esos derechos emanan para el que es verdadera y realmente menor de 14 a 20 años, no para el fingido o asemejado, pues los idólatras no están en la puericia o pubertad, sino en edad provecta y madura. No se trata tampoco del crimen de la puericia y pubertad cuando se comete crimen de lascivia o lujuria (según la glosa in D. cap. 1 de delic, puer, palabra non esse, y la ley 9, tít. 1, p. 7); sino hablamos del de herejía, apostasía o sacrilegio, que no se excusan por la edad, como no se excusan el furioso (según la glos. in cap. contra Christianos, palabra infantes, de Haeret, Lib. 6). Por todo esto, las dichas ordenanzas deben enmendarse, cambiarse si no lo están, por nuestra cédula dada en 1608, según lo que dijimos en el Fundamento 9.º en atención a la malicia de los indios, como más extensamente después diremos.

AL CUARTO ARGUMENTO. Concedo todo, supuesta la incapacidad, ignorancia y rudeza de los indios, que negamos, porque cualquiera cosa se sigue de ese supuesto; lo cual parece ciertamente que nuestro católico rey lo siente según las ordenanzas citadas. En los primeros tiempos no faltaron quienes creyeran que estos indios eran irracionales, brutos e incapaces de recibir los sacramentos de la Madre Iglesia y aun lo sostenían con juramento y que debían ser tratados como bestias fieras y rebaños montaraces. Fr. Bartolomé de las Casas se levantó contra éstas, según consta en su libro (el cual no encuentro en esta ciudad); concedo también de buen grado que los indios recién convertidos, los primeros cristianos y los neófitos fueron rústicos y bárbaros (ciertamente para nosotros que no entendíamos su lengua o idioma).

Mas como los hijos o nietos de nuestros españoles, que bastante entendemos el idioma y lengua de los indios, así como muchos religiosos de la Orden de San Francisco que por el estudio y empeño la conocen, empezaron a tratar a los indios íntimamente, y sus nietos y bisnietos, que impropiamente pueden llamarse neófitos, ¿quién no los juzgará audaces y capaces de dolor si atentamente considerara, que no una vez sino muchas han querido sacudir[80] el yugo suave del Evangelio de sus hombros por medio de conspiraciones, tumultos, sediciones, y lo habrían logrado si el Señor, que está en los cielos no los hubiera burlado y turbado, y despedazado o contenido sus fuerzas,[81] y haber enviado por misericordia y como un auxilio sobrenatural a nuestros españoles.

Alçáronse en Valladolid los Indios Cupules

Por tradición de los antepasados supe que el año del Señor de 1546, después que ocuparon esta Provincia los nuestros con el valiente capitán Don Francisco de Montejo, y fundada ya esta noble ciudad de Mérida y los pueblos de Valladolid, Campeche, y Bacalar, llamada Salamanca, los indios, que conocemos por Cupules, conspiraron en el territorio de mi patria que es Valladolid: y tomada la resolución se llevaron a todos nuestros españoles que allí vivían, a sus pueblos con el pretexto de un convite, y en el mismo día que señalaron, durante la noche hirieron y mataron a 22 de los nuestros mientras dormían: el primero fue mi abuelo Fernando de Aguilar, originario de la noble ciudad de Écija en España, quien en años anteriores fue uno de los doce primeros fundadores de la República de esta ciudad de Mérida, según lo atestigua el 1.º y más antiguo libro de Cabildo, que muchas veces vi y leí en poder de Ambrosio de Argüelles secretario, puede verse.

Permítame el piadoso lector traiga a la memoria mi abuelo y recomendarlo al eterno descanso a nuestro Altísimo Dios, por cuyo honor y gloria y por dilatar la Fe Católica, no temeré afirmar que sucumbió entre impías garras, cuya cabeza, pies y manos en la misma noche enviaron los matadores en señal de rebelión y del pacto que habían hecho, a todos los pueblos. Pero cuatro soldados (españoles), se libraron por medio de la fuga, a quienes

---

80   ¿Por qué se amotinaron las naciones, y los pueblos maquinaron cosas vanas?
81   Rompamos sus ataduras y echemos fuera de nosotros su coyunda. El que mora en los cielos, se reirá de ellos. Ps. II, 1, 3, 4.

Dios los libró; a saber: Álvaro Osorio, natural de Salamanca, Juan López de Mena, de Logroño, Marcos de Ayala Trujeque, de Toledo, y Diego de Ayala, vizcaíno, hijosdalgo a los cuales conocí en mi puericia.

Estos Cupules echaron al referido capitán Don Francisco de Montejo el año de 1530, como refiere Herrera, 4 Década, lib. 6, c. 4[82] de Valle (sic), y de los antiquísimos edificios llamados Chichiniza, donde habían establecido su presidio por algún tiempo para sus soldados, el cual forzado y contra su voluntad abandonó agoviado por el hambre y la sed, y durante la noche se retiró al pueblo amigo llamado Tekoh dejando una campana y un perro atado a ella que engañase a los indios con el toque y ladrido para que no persiguieran al ejército.[83]

Pero habiendo amanecido y sabida la retirada, persiguieron a los nuestros: trabado el combate y rechazando a los enemigos, dicho capitán cayó del caballo; fue aprehendido por los indios, cierto soldado llamado Blas González, valiente le libró con la espada matando a muchos indios, que le colocó en su caballo en las ancas, y ambos salieron incólumes burlando a los indios que con gran alegría proclamando victoria cargaban en hombros a dicho capitán para matarlo y sacrificarle a sus dioses: esto lo supe por mis antepasados y después hallé en la historia de Antonio Herrera[84] y leí en aquel capítulo donde trata de la 1.ª entrada del susodicho capitán a esta Provincia y península de Yucatán, todo lo cual no lo intenta sino un pueblo belicoso: probando así la audacia, la sagasidad, la malicia, el furor y rabia de estos indios armados, ya no bárbaros y rudos: hecha esta crueldad (para volver a decir sobre la matanza de nuestros 22) al siguiente día sitiaron la villa de Valladolid y cogieron tan solo veinte españoles que quedaban, hasta que Dios libró por medio del referido capitán Don Francisco de Montejo, que emprendió el viaje desde esta ciudad de Mérida, con otros conquistadores, para librarlos.

(Una) cuestión

¿Puede el obispo de Yucatán, aprehender, encarcelar y azotar, sin el auxilio del brazo secular, a los Indios de esta Provincia, que adoran a los ídolos?

---

82 No concuerda la cita.
83 Dec. IV, Lib. 9, c. 1. (N. del T.)
84 Véase a Antonio de Herrera Historiador de las Indias en la Década 4. lib. 10. cap. 1.

(Continúa)
Cocom de Zotuta fue justiciado en Campeche año de 1585

Antonio de Herrera[85] no trata de esto porque no lo supo: por falta de relación al Consejo. Hace poco, el año de 1585, cierto indio de los nobles del pueblo de Sotuta, llamado Cocom, gran idólatra y dogmatizante, fue ahorcado. Este, cuando fue desterrado de aquesta Provincia Yucateca por el real oidor de la Audiencia de México, el doctor Palacios, a los trabajos y construcción del presidio de S. Juan de Ulúa, por el delito de idolatría; entregado por el obispo don Gregorio de Montalvo: de allí misericordiosamente, sin embargo, fue libertado por ciertos navegantes, que ignorando cuál y cuánto mal causa y lo que daña una mala oveja dejando las demás, según el c. resecandae 24, q. 3 y el Concilio de Lima II, act. 2, cap. 42, en que se recomienda que los miembros dañosos sean cortados, abordó a la Provincia de Campeche.

Allí intentó una conspiración, se hizo proclamar rey, ordenó se le hicieran colectas y tributos, preparó muchas armas, hizo incontables aljabas y flechas, guardándolas en las cuevas para su debido tiempo y dispuso se cumpliese lo que había ordenado; habiendo sabido todo esto el gobernador Francisco de Solís, emprendió el viaje para aprehenderlo él mismo: logrado (concluido el proceso) lo ahorcó, quien se empeñaba a la verdad de enseñar a otros indios la idolatría, en lo cual muchas veces fue descubierto, según aquello de los Proverbios VI, 12 y 14 «EL HOMBRE APÓSTATA... EN SU CORAZÓN MÁQUINA EL MAL Y SIEMBRA RENCILLAS», intentando separar a los hombres de la Fe.

Andrés Chi fue justiciado año de 1597 por embustero idólatra
Igualmente en 1597 otro indio llamado Andrés Chi, si no me engaño del mismo pueblo de Sotuta, fue ajusticiado, quien incitaba a los demás para que fueran a los montes de su Provincia y veneraran a los ídolos, fingiéndose otro Moisés y que le había sido revelado por el Espíritu Santo Paráclito; con gran astucia (con embustes) engañaba a sus conciudadanos, suponiendo

---

85 Antonio de Herrera no trata deste alzamiento, porque faltó relación dél en el Consejo. Descuido de los Conquistadores, pero es notorio, puede ser que en la 5 Década, aya algo la qual no he alcanzado.

que cierto niño le hablaba por la noche entre los techos de su casa, y esto lo oían otros que ignoraban (el embuste).

Sedición y tumulto en Tekax contra su gobernador

Finalmente fue condenado a muerte por el capitán Martín de Palomar, Lugarteniente del gobernador, después de hecho el proceso y averiguado el fraude. No callaré el atrevimiento de los indios del pueblo de Tekax que ha poco en 1610 conspiraron contra su gobernador don Pedro Xiu, verdadero católico, que aunque era indio no debe despreciarse, porque los correjía de los vicios, embriagueces, y muchas veces pidieron le quitaran el cargo, impulsados no por otro móvil que por odio y mala voluntad: no accediendo el gobernador de esta Provincia don Carlos de Luna y Arellano a sus peticiones, ellos con el pretexto de los días de regocijo, que llamamos Carnestolendas, asaltaron su casa, lo despojaron, echaron a la mujer y familia y le habrían matado si no se hubiera refugiado al convento de San Francisco; sabiendo esto asediaron el dicho convento, con grade alharaca y estrépito marcial, con lanzas y flechas lo guardaban, para matar al gobernador cuando saliera, llamándole rebelde con pregones, como en el orden judicial, e imponiendo públicamente castigo a los religiosos que le ocultaban: éstos, viendo la audacia y furor de los indios, procuraron ocultar al mismo Don Pedro Xiu cerca del tabernáculo del Santísimo Cuerpo del Señor, porque rota la puerta del convento, que por medio de una viga o palanca derribaron, no hallándole, y anocheciendo, se fueron a sus casas.

Al día siguiente un religioso cuidó de sacar a caballo del pueblo a dicho Don Pedro Xiu: descubiertos, se vieron obligados a volver al recinto del convento, por las piedras, flechas y dardos que les arrojaban: ambos habrían perecido si no fuera porque hallaron abierta la puerta en ese momento, y participando esto a los pueblos distantes una o dos leguas, muchos de nuestros españoles que casualmente habían ido con mercancías, acudieron armados y a caballo para arreglarlo, librando a los religiosos sitiados y al capitán don Pedro Xiu creían que si mataban a su dicho gobernador se librarían con la excusa o nuestro adagio, esto lo hizo Fuente ovejuna, según consta en sus declaraciones del proceso.

Tres de estos que maquinaron la rebelión y asalto fueron colgados como lo vi en esta ciudad. Así pues, cuando los indios conspiran muchas veces contra sus gobernadores, o los infaman con libelos por medio de los cuales inducen a los demás para desobedecerles, se debe decir que esto sucede no por incapacidad, sino por demasiada insolencia.

Costumbres de los de Yucatán en su gentilidad

Y si miramos a las costumbres, que antes de ser Christianos tenían, hallaremos, que en su gentilidad fueron tan políticos, y justicieros como los Mexicanos, cuyos vassallos, avían sido seiscientos años antes de la llegada de los Españoles. De lo qual tan solamente ay tradición, y memoria entre ellos, por los famosos, grandes, y espantosos edificios de cal y canto, y sillería, y figuras, y estatuas de piedra labrada, que dexaron en Oxumal, y en Chichiniza, que oy se veen, y se pudieran habitar.

Presidios y colonias de los Mexicanos

Donde los Mexicanos tuvieron sus presidios, y colonias en campos rasos, que llaman cavañas, que oy es todo una montaña espesíssima con árboles altíssimos, que con la diuturnidad de tantos tiempos han nacido en los terrados destos edificios de bóveda; cuyas raízes los van abriendo, y arruinando, como en España los edificios de caparra de los Romanos,[86] y en las paredes destos dexaron los Mexicanos muchas figuras pintadas de colores vivos, que oy se veen de sus sacrificios, y bailes: por donde se colige ser obra de Mexicanos, y no de Cartaginenses como los nuestros pensaron.

Eran como Duques, no tenían Rey

Governávanse por señores como Duques, y Condes, que llamavan Bataves, que son Caciques: cuyos hijos y descendientes les sucedían en este oficio, y a falta dellos entrava el más cercano pariente de su sangre; y estos fueron conocidos en nuestros tiempos por nobles, como fueron los Xiues de Mani, los Cocomes de Çotuta, los Peches de Concal, los Cheles de Cicontum, los Cupules de Valladolid, los Cochuahes de Ychomul, los Conohes Parbolon, los

---

86 Llamo Montejo a esta ciudad Mérida, por los edificios antiguos que tenía, que hoy no parecen, sino en el Convento de S. Francisco.

8

Chanes, y Canules, y otros muchos señores que no me acuerdo, los quales no tenían Rey; y si lo tuvieran fueran tan malos de conquistar aunados, como lo fueron los de la ciudad de México, por ser feroces, y belicosos.

Los más guerreros fueron los Cupules Kinich, cacique de Zama

Dieron la obediencia a su Mag. y se hizieron Christianos de su voluntad, y los más guerreros fueron los Cupules de Valladolid, como queda referido, porque tenían guerras unos con otros, y se hazían esclavos, y el Capitán vencedor bevía la sangre del vencido muerto. Entiéndese, que los diez Españoles que prendió el Cacique Kinich en el pueblo y costa de Çama en un naufragio de los nuestros les enseñaron los ardides de guerra que usaron con los Conquistadores estos Cupules: de los quales diez Españoles fue el uno Gerónimo de Aguilar natural de Ézija, hijodalgo, que sirvió a su amo en algunas guerras: con cuya lengua se ganó México.

Cruz que puso Cortés en Coçumel, llevaron a España esta Cruz. Chilan Cambal, y su poesía

Este Aguilar fue el que halló Cortés en la isla de Coçumel, en donde puso una Cruz y la mandó adorar, quando pasó a México con su armada, la qual quitó el Governador don Diego Fernández de Velasco el año de 1604 y la embió al Marqués del Valle nieto de Cortés. Desta Cruz tomó motivo un Sacerdote de ídolos, llamado Chilan Cambal de hazer una poesía en su lengua, que he leído muchas vezes, en que dixo, que la gente nueva que avía de conquistarlos, veneravan la Cruz, con los quales avían de emparentar.

Esto mismo refiere Antonio de Herrera; y como el adelantado Montejo, a cuyo cargo fue la conquista desta Provincia, tardó más de diez años en bolver a ella. Pensaron los nuestros que estos Indios pusieron esta Cruz, y tuvieron por profecía la poesía de Chilan Cambal; y esta es la verdad: la qual averigüé, por saber la lengua dellos y por la comunicación de los Indios viejos primeros Neófitos que alcancé; los quales iban a su romería al templo de Coçumel, y allí vieron la Cruz.

Tenían muchas mujeres y libros en que pintaban las pestes, etc.

Tenían muchas mugeres, y en su conversión las dexaron aunque con dificultad, quedándose con la primera. Tenían libros de cortezas de árboles con un betún en blanco, y perpetuo de 10 y 12 varas de largo, que se cogían doblándolos como un palmo, y en estos pintavan con colores la quenta de sus años, las guerras, pestes, huracanes, inundaciones, hambres, y otros sucessos; y por uno destos libros que quite a unos Idólatras, vi y supe, que a una peste llamaron Mayacimil, y a otra Ocna Kuchil, que quiere decir muertes repentinas, y tiempos en que los cuerbos se entraron a comer los cadáveres en las casas. Y la inundación, o huracán llamaron Hunyecil, anegación de árboles. Tuvieron noticia, que el mundo se avía de acavar, y que avía gloria, e infierno.

Tuvieron noticia del juizio, gloria e infierno. Contavan los años por lunas. Dieziocho meses, que tenían al año

Contavan los años por Lunas de 365 días como nosotros también. Contavan el año solar por meses de veinte días, con seis días de Caniculares, correspondiendo a nuestros meses por este orden. A 12 de Enero llamavan Yaax, a primero de Febrero Çac. a 12 de Febrero Ceh. a 13. de Março Mac. a 2. de Abril KanKin. a 22 de Abril Muan. a 12 de Mayo Paax. a 1. de Iunio Kayab. a 21. de Iunio ÇumKu. a 11. de Iulio Vayeab, por otro nombre VtuçKin VlobolKin, por seis días que eran sus Caniculares. a 17. de Iulio Poop. a 6. de Agosto Voo. 26. de Agosto Çip. a 15. de Setiembre Çec. a 25. de Otubre Xul. a 14. de Noviembre YaaxKin. a 4. de Diziembre Mool. a 23. de Diziembre Çheen.

Sabian los temporales

Esta quenta de diez y ocho meses, y los seis días de Caniculares son los mismos 365 de nuestro año solar: scrvíanles de muchos útiles, y particularmente para saber los tiempos en que avían de rozar sus montes, y abrasarlos, y esperar las aguas, y sembrar su trigo maíz, y las otras legumbres, que siembran en diferentes tiempos. Y como nuestros labradores en España observan tales, y tales días, y dizen, Otubre echa pan, y cubre, y otros refrancillos. Assí no más ni menos usavan, y usan estos Indios sus refrancillos, en estos 18 meses, y seis días de Caniculares para sembrar, y mirar por su salud, y curarse como nosotros en Verano, Estío, Otoño, y Invierno. Y aunque los primeros Religiosos, santos y verdaderos Viñadores de Iesu Christo, procuraron desterrar esta quenta, entendiendo que era superstición para usar de su gentilidad, no aprovecho, porque los más lo saben por tradición de sus mayores.

Los primeros Religiosos quemaron estos libros

Y sabiendo yo esto, hize grandes diligencias por saber la verdad, comunicando esta materia con un gran Religioso varón Apostólico, llamado fray Alonso Solana, y con otro no menos llamado fr. Gaspar Nagera, grandes Ministros, y Predicadores destos Indios: a los quales seguí, y sigo en afirmar, que no es perjudicial esta cuenta para la Christiandad destos Indios, antes útil como está referido, para que sepan los tiempos. Otras muchas cosas de su gentilidad supiéramos los Curas, y Ministros, y por ellas como por símiles, o refutándolas, les predicáramos en su lenguage propio, y natural. Pero los primeros Religiosos recogieron, y quemaron estos libros inadvertidamente. Hablavan con el demonio, a quien llamavan Xibilba, que quiere dezir el que desaparece, o desvanece.

Contavan los años por eras

Demás desto contavan sus eras, y las assentavan en sus libros de veinte en veinte años, y por lustros de quatro en quatro. El primer año fixavan en el Oriente, llamándole Cuch hab; el segundo en el Poniente, el tercero en el Sur, el quarto en el Norte, y esto les servía de letra Dominical; y llegando estos lustros a cinco, que hazen veinte años, llamavan Katun, y ponían una piedra labrada sobre otra piedra labrada fixada con cal y arena en las paredes de sus templos o casas de los Sacerdotes; y esto se ve el día de oy en los edificios, que tengo referido, y se podrá ver en las paredes, sobre que edificaron las celdas los Religiosos en el Convento desta ciudad, que caen al Sur, que son paredes, y bóvedas de los antiguos; y esto hazían para memoria perpetua.

En un pueblo, que es de la Encomienda de mi madre, llamado Tixualahtun, que quiere dezir lugar donde se pone una piedra labrada, sobre otra: de suerte que este pueblo era como entre nos el archivo de Simancas; y el común lenguaje dellos para dezir, tengo sesenta años, era oxppeluabil, tengo tres eras de años, idest, tres piedras, idest sesenta años; y para dezir setenta, dizen Tancochtu Campel, idest, tres eras y media, o quatro eras menos media; y este lenguaje y cuenta aprendí para en mis sermones hablarles con propiedad, y a su gusto (doctrina es de Retóricos adequarse con la capacidad del auditorio). Lo qual refiero en prueva, que no eran tan bárbaros estos de Yucatán, como los Caribes, Chichimecos, o Choortales de otras Provincias.

Eran justicieros. Reverenciavan a sus Batabes

Iusticiavan a los ladrones, adúlteros, homicidas, a estos atacavan, y a essotros hazían esclavos: estimavan, y reverenciavan a sus Bataves, Caciques por otro nombre; y a estos servían, y hazían sus sementeras, y las cogían, y ponían en sus graneros cada año. Por autoridad, o gala se sajavan con ciertas lanzetas, que usavan de piedra, los pechos y braços, y muslos hasta sacarse sangre, y en las heridas echavan cierta tierra negra, o carbón molido; y sanos dellas, quedavan las cicatrices con las figuras de sierpes, y águilas, que avían hecho con las lanectas; y esto usaron mucho los Cupules de Valladolid mi patria, donde alcance en mi niñez algunos destos Caciques labrados; y los Religiosos primeros les vedaron esta antigualla, y oy no la usan.

Fue hijo de Kinchi

Tienen bastante habilidad, e ingenio para nuestros estudios, si los cultivassen y labrassen. Un Indio conocí, y todos los deste tiempo conocieron, que fue criado desde su niñez del señor Obispo don Diego de Landa, que sabía gramática medianamente, y él me puso el arte della en las manos en mi niñez, siendo maestro de Capilla en el pueblo de Tecemín, Encomienda del Alférez Real Alonso Sánchez de Aguilar, mi hermano mayor. Era tan ladino como qualquier Español, cantava canto llano, y canto de órgano diestramente, y tocava tecla.

Yo le conocí Organista en esta santa Iglesia, y después Intérprete general del Governador. Defendía a los Indios en sus pleitos, e les hazía peticiones, o los componía. Llamávase Gaspar Antonio de Herrera: fue hijo de un Sacerdote de su gentilidad llamado Kinchi, que fue muy leal vassallo de su Magestad, y de los primeros que dieron la obediencia, y se bautizaron. Era natural del pueblo de Mani según lo oí: luego si estos Indios tuviessen estudios serían muy útiles para Governadores y Alcaldes de sus pueblos (aunque algunos religiosos no los admiten, ni quieren Governadores ladinos, no sé el por qué: digo esto in Domino). Con el amor y afecto que tengo a mi Patria regada con sangre de mi abuelo Fernando de Aguilar, como queda dicho, y de tantos Conquistadores, a cuyos hijos y descendientes manda su Magestad por sus Reales cédulas, que oy se observan, se den las Encomiendas que vacaren, y no a mercaderes, y recién venidos de España. De que se quexan estos invidiosos, porque no pueden tener parte en estas Encomiendas, ni oponerse a ellas, alargándose alguno a dezir, que no han de ser infinitos los méritos de los Conquistadores. A lo qual respondo, que pues el Rey nuestro señor los premia, memorables son, y dignos, ya que no infinitos.

Familias nobles de México

Lean los trabajos de los Conquistadores en Tierra firme, los de Cortés, y sus compañeros en la retirada de México, muerto el Rey Mocteçuma, a cuyos hijos, y descendientes premia cada día nuestro Rey y señor a manos abiertas. Conocí en mis estudios a muchos dellos, Sotelos, Andradas, Canos, nietos de Mocteçuma, Solises, Sandovales descendientes del mejor Capitán de la Conquista Gonçalo de Sandoval, Motas, Aciolas, Alvarados, Tapias, Estradas, Casas, Bocanegras, Coronados, Villegas, Aguilares,[87] Quesadas, Altamiranos, Cervantes descendientes del Comendador Cervantes, de quien haze mención Antonio de Herrera, que passó a México con siete hijas. Una conocimos en esta ciudad de Mérida muger de Gaspar Iuarez Conquistador. Demás destos conocí a Antonio de Ordaz, señor de Calpa, que su padre tuvo Abito, Cadenas, Albornoz, Saavedras, Salaçares, Dorantes, Benavides,

---

87   Fuera de Gerónimo de Aguilar huvo otros Aguilares de Ézija, como fue Marcos de Aguilar Teniente General en México, en Chiapa Diego de Aguilar, y en Guatemala don Fernando de Aguilar y Córdova, y don Pedro de Aguilar Lasso de la Vega, y su hijo, ambos del Ábito de Alcántara, y Santiago; y en Mérida Iuan de Aguilar, y en Valladolid Fernando de Aguilar.

Trejos, Garnicas, Samanos, Turcios, Viveros, Pachecos, Guerreros, Arellanos de Luna, de quien fue hijo el Mariscal don Carlos de Luna y Arellano señor de Siria, y Borobia en Aragón, Governador destas Provincias de Yucatán. Conocí a don Luis de Castilla del Avito de Santiago, Villanuevas, Çapatas, Valdeses, Montejos, Maldonados, señor de Yxcapuzalco. Ircios nietos del Conquistador Martín de Ircio, y del señor don Luis de Velasco Marqués de Salinas, Virrey que fue dos vezes en México, y murió Presidente en el Consejo Real de las Indias, hijo de otro Virrey de su nombre.

Quisiera el autor hazer un libro de la nobleza de México

Conocí Guzmanes, Oñates, Valdiviesos; y pésame de no tener memoria de otras muchas familias nobles que ay, a quien hago agravio notorio en no expressarlas en este informe, y hazer libro particular de todos, como el de Argote de Molina de la nobleza de la Andaluzía: lo qual dexo a otra mejor pluma de los muchos hijos doctíssimos de aquella nobilíssima Universidad, y ciudad de México. De la qual trasladando este capítulo en esta ciudad de la Plata, tuve nueva, que se bolvía a restaurar, y a habitar después de su desgraciada inundación: la qual sentí como si fuera mi misma patria, por averme criado en ella en el Colegio de los Padres de la Compañía de Iesús, y en el de Santos: y echando el sello en su nobleza, basta dezir que el día de oy tienen muchos de los descendientes de los Conquistadores Abitos; y sobre todo ay quatro, o cinco señores de Títulos criollos, que llaman los que embidian sus aumentos tan merecidos de la Real mano de su Rey y señor, a quien sirvieron sus passados, aumentando su Real Corona con un nuevo mundo.

Los que ganaron, y poblaron la ciudad de los Ángeles, Mechoacán, Guaxaca fueron de los mismos de México, y los que poblaron a Guatemala, y a Chiapa, no fueron menos, pues a ambas llamaron de los Cavalleros.

Yucatán, y su Nobleza

Y temiendo la recusación de alguno, por ser causa mía, y de mi patria, no me alargaré más de quanto en breve diga della, que la poblaron muchos Montejos hidalgos de Salamanca, Bracamontes de Medina del Campo, Pachecos de la Mancha, de Toledo padre, hijo, y primos, sin otros Pachecos, Tamayos, Cisneros de Ciudad-Rodrigo, Aguilares de Ézija, que el menor fue mi abuelo Fernando de Aguilar, uno de los doze regidores primeros de la ciudad de Mérida, huvo Sosas, Zapatas, Méndez, Sandoval, Magañas, Cámaras, Cetinas, Loáisa, Rosado, Arceo, Manrique, Vela, Paredes, Nieto, Santoyo, Briceño, Castañeda, Quirós, Castrillo, Galiano, Contreras, y otros muchos, de quien no puedo tener noticia, estando oy tan lejos; cuyas familias vivían ya pobres, por aver passado a quartos posseedores las encomiendas de sus passados.

Con más temor hablaré de los Pobladores de mi patria Valladolid, supuesta la recusación en causa propia, pobláronla quarenta Conquistadores, cuyos nombres pudiera dezir de uno en uno.

Memorial que hizo el Autor, año de 1596

Los más fueron hidalgos notorios, y de executorias, que en mi niñez vi, y leí; y remítome a un memorial, que hize dellos el año de 1596, siendo Cura de la dicha villa de Valladolid, que dexé a mis deudos, fecho ante el escrivano de Cabildo Alonso López del Riego, y firmado de Iuan Gutiérrez Picón, el último Conquistador que vivía aquel año: el qual hize por mandado del señor Obispo don fray Iuan Izquierdo, para remitirle al Consejo Real: de donde se le ordenó avisasse si avía hijos, y descendientes de Conquistadores: y porque no les davan las Encomiendas sino a mercaderes, y a los recién venidos a la tierra, dexando pobres a los hijos, y descendientes de los que la ganaron, y poblaron:[88] cuyas lágrimas noté muchas vezes, acordándome de las de Hieremías en sus Trenos, y oración: remítome a las informaciones, que cada uno tiene y a las cédulas de recomendación, y a las que el año siguiente vinieron, en que mando su Magestad al Governador don Diego Fernández de Velasco los prefiriese en las oposiciones destas Encomiendas, que no expresso, por no ser más largo en esta digresión en favor de mis Compatriotas.

---

88 Escrive algo desto el Licenciado León Relator del Consejo de Indias en su libro nuevo, Confirmaciones Reales. A quien deven mucho los descendientes de los Conquistadores, cuyos servicios engrandece, como docto, y Christiano.

Oficios que oy usan los Indios de Yucatán. Cacao llevan ya a España

Y bolviendo al punto, prosigo diziendo, que al presente son tan ingeniosos los Indios deste Obispado, que oso afirmar, que no ay pueblo, que no tenga Indios herreros, herradores, freneros, carroxeros, zapateros, carpinteros, silleros, albañiles, canteros, sastres, pintores, entalladores, olleros, harrieros; y los más tienen cavallos, y yeguas conque tragman sus cosechas de maíz, y otras legumbres. Todos en general tienen sus tierras amojonadas, y heredadas. Y los Cupules tienen huertas, que llaman Zenotes, o Hoias, donde cultivan el Cacao, que es el oro desta tierra, que sirve de moneda para la placa, y mercado desta Ciudad, y corre entre los Indios, y lo llevan ya a la Habana, y a España para el chocolate.

Cogen mucho algodón. Son caçadores

Siembran varias legumbres para su sustento, como es maíz, axi, frisoles, de muchos géneros y colores, xiquimas, camotes, yuca, plátanos, cirgüelas, mameies, chicos zapotes, anonas, árboles de xicaras, de que hazen tecomates grandes, y chicos para sus cocinas, y mesas, y pintadas las venden muy bien. Siembran calabaças, cuyas pepitas tostadas, y molidas con el axi es su regalo y sainete. Cogen mucho algodón, que siembran y cultivan. Son assimismo caçadores, y crían perros con que caçan venados, xavalíes, texones, y tigres, conejos, armados, y guanas, y con arco y flechas que tiran diestramente, caçan pavos reales, faysanes varios, perdizes, y otras aves. Crían de las nuestras, y de las suyas infinitas, y cebones, como lo dize Antonio de Herrera, de que se provee la Habana, y la Vera-Cruz.

Cantan, y vailan. Tienen un Cantor mayor

En su gentilidad y aora bailan y cantan al uso de los Mexicanos, y tenían y tienen su cantor principal, que entona, y enseña lo que se ha de cantar, y le veneran, y reverencian, y le dan assiento en la Iglesia, y en sus juntas, y bodas, y le llaman Holpop; a cuyo cargo están los atabales, e instrumentos de música, como son flautas, trompetillas, conchas de tortugas, y el teponaguaztli, que es de madera hueco, cuyo sonido se oye de dos, y tres leguas, según el viento que corre. Cantan fábulas, y antiguallas, que oy se podrían reformar, y darles cosas a lo divino que canten. Confiesso, que aunque metí la mano en esta materia, no fue tanto, quanto convendría. Tenían, y tienen farsantes, que representan fábulas, e historias antiguas. Son graciosíssimos en los chistes, y motes que dizen a sus mayores, y juezes, si son rigurosos, si son blandos, si son ambiciosos, y esto con mucha agudeza, y en una palabra; y para entenderlos, y saber a quien motejan, conviene saber su lengua muy bien, y los frasis, y modos de hablar que tienen en sus triscas, y conversaciones, que son agudos, y de reír.

(Una) cuestión
¿Puede el Obispo de Yucatán, aprehender, encarcelar y azotar, sin el auxilio del brazo secular, a los Indios de esta Provincia, que adoran a los ídolos?

(Continúa)

Remedan los páxaros parleros
Los religiosos vedaron al principio de su conversión estos farsantes, o porque cantaban antiguallas, que no se dexavan entender, o porque no se hiziessen de noche estas comedias, y evitar pecados en tales horas. Y averiguando algo desto, hallé que eran cantares, y remedos que hazen de los páxaros cantores y parleros; y particularmente de un páxaro que canta mil cantos, que es el Çachic, que llama el Mexicano Çençontlatoli, que quiere dezir páxaro de cien lenguas. Llaman a estos farsantes baloam; y por metáfora llaman Baloam, al que se haze gracioso, dezidor, y chocarrero. Hazían, y hazen sus bodas y banquetes en los desposorios, comiendo espléndidamente muchos pabos, y pabas que crían en un año para un día. Y los que salen de Alcaldes, hazen banquetes a los que entran so pena de infames, o por lo menos los festejan con la bevida, que usan de poçol cubierto con espuma de Cacao, que es su bevida ordinaria.

Visten camissas. Las mugeres visten guaipiles azules
Visten oy algodón blanquíssimo, de que hazen camisas, y calçones, y capas, que llaman Tilmes, y otras de lana parda de México. Usan jubones, çapatos,

alpargates, y sombreros de paja los más, algunos de fieltro. Y las mugeres usan guaipiles, y enaguas como fustanes de colorado, y las que fueron criadas desde su niñez en casa de los Españoles, labran, y cosen con el hilo azul que tienen del añir labores, y pieças de mucho precio, como son almohadas, toallas, delanteras, colchas, &c. Para los Domingos, y Fiestas, quando van a Missa, tienen sus vestidos limpios, asseados, que guardan en sus caxas debaxo de llave. Algunos tienen sus hatos de cabras, y ovejas, y sus melonares, y parrales con melones, y ubas de mucho gusto, y otras frutas que traen a esta Ciudad a la plaça y mercado, de que sacan muchos dineros, y de otras grangerías, como es cera, miel de colmenas de abejas caseras, sin la que traen silvestre; algodón hilado, y por hilar, y texido, de que hazen pabilo para candelas, y mantas, conque pagan tributo, añir, sal, palo de Brasil, sogas para poços, cordones de frailes, hamacas, y lias de pita burda, cables, y jarcias para los navíos desta costa, y grana que oy crían. Son assimesmo pescadores, y vaqueros en las estancias de los Españoles, y matan un toro, o novillo a cavallo, y a pie con jarretaderas.

Son pescadores, y vaqueros, conocen los vientos por sus nombres
Tienen sus redes, y chinchorros, y sus barquillos, que llaman Canoas los que viven en la Costa; sólo les falta el ser Marineros de alta mar, porque por cédulas Reales está prohibido sacarlos de sus tierras, y naturaleza. Parece que oy se podía permitir que navegassen a España en las flotas, y a la Habana, Portorrico, Xamaica, Santo Domingo, Cartagena, Honduras, y a la Nueva-España, que son puertos cercanos, donde verían la entera fee de los otros Indios, y como son castigados por sus delitos; y bueltos, contarían a sus amigos, y deudos las cosas de virtud, y del culto divino, y Christiandad de los Mexicanos, y quan obedientes son a sus Ministros, y Religiosos: de cuyo exemplo, y noticia están ayunos. Demás desto en cada pueblo ay escuela de niños, y moços sacristanes, que leen, y escriven, y Cantores que cantan y ofician las Missas en canto de órgano, y llano, con flautas, chirimías, sacabuches, cornetas, y ministriles, clarines, y trompetas, y órganos que saben tocar. Tienen sus Repúblicas con Governador, y Alcaldes, y Regidores, Escrivano, y Alguaziles, Carcelero, y Pregonero: estiman estos cargos, y muchas vezes los solicitan.

Todo lo qual refiero por público, y notorio en prueba de que no son oy tan rústicos, y bárbaros, como lo fueron sus abuelos, bisabuelos aora ochenta años: y estos fueron los neófitos, y plantas nuevas en nuestra santa Fe Católica. Con los quales hablavan las cédulas Reales antiguas, y las ordenanças referidas ya corregidas a mi parecer, en que se encargava, que por agora los tolerassen: y este (por aora) no ha de durar para siempre en daño de sus almas, y salvación.

Los mariscos eran más rudos

Y presumo, que los Moriscos que tantos años vivieron en España repartidos, no eran tan hábiles y capaces, como estos Indios lo son el día de oy. Luego si saben todo lo referido para la vida humana, porque no sabrán lo necessario para la vida eterna? Mas esta es la vida eterna, que conozcan un sólo Dios verdadero y trino, y a su enviado Jesucristo, su Hijo, nuestro Redentor. Y no ignoran esto, pues saben toda la Dotrina Christiana, como está dicho; y si lo ignoran, pecan: Porque sobre esto que están obligados a saber, pecan por ignorar lo que pertenece a la Fe, según Sto. Tomás 2. 2. q. art. 5, pues no quieren saber para obrar bien. Tex. in c. Excellentissimus 11. q. 3.

Y no negaré, que los que son verdaderos Christianos (que son los más) son devotos en oír Missa, y ofrendar en ellas, y confessarse a su tiempo. Y el día de la Conmemoración de los Difuntos cubren las sepulturas, y ofrendan candelas, aves y maíz, y las legumbres que cogen, aunque su Magestad mandó por su Real cédula el año de 70 no les compeliessen a ofrendar, porque eran neófitos, y pobres, y no sabían nada del uso y loable costumbre de nuestros Españoles: cuya compañía, y comunicación les es de mucha importancia para imitar su fee, y política.

Veneran las santas Imágenes de la Virgen N. S. Imagen devota del autor en el pueblo de Calotmul

Veneran las santas imágenes de la Virgen santa María nuestra Señora en los Templos, y Santuarios de devoción, que los Religiosos tienen en muchas partes, y en particular en el pueblo, y Convento de Yçamal, y en el de Calotmul: y esta por la bondad de Dios venere, y he venerado, y veneraré en mis días por las mercedes, y milagros que conmigo uso en el viage que hize a España por Procurador de la Clericía deste Obispado el año de 1602, trayéndome a salvo en una nao vieja y rota: cuya bomba no cessó días, ni noches en todo el viaje hasta el puerto de Çiçal, trayéndola por ofrenda la primera corona de plata que tuvo. Lo qual refiero, para que todos la veneren. Reciven todos la Bula de la Santa Cruzada, y dan la limosna luego.

Ponen capítulos a sus Governadores y Curas

Si hablamos más sobre la malicia de los indios, bastante astutos son para argüir a sus Ministros, sean religiosos o clérigos, como es bien sabido en estos tiempos, cuando los calumniaban ante el juez secular, oyéndolo con gran contento sus palabras y (viendo) sus escritos, contra los Cánones (Tex. in cap. QUAMVIS 11, quaest. 3, que dice: Aunque sea cierto, sin embargo, los jueces no deben creerlo, si no se prueba con verdaderos indicios, y en el cap. Non solum. que dice: No sólo es reo el que dice de otro una cosa falsa, sino también los que dan oído luego a los crímenes); lo cual parece es opuesto al celo de nuestro católico rey y lo que mandó en su dicha Cédula del año de 1608 tantas veces mencionada, en que se lee: Y en quanto pudiéredes procuréis no dar lugar a que los Indios pierdan el respeto a los Religiosos.

Porque tanto nuestro monarca como su real Consejo saben la importancia de la fama y honor de los eclesiásticos, en particular en nuestras regiones de las Indias. Inspirando el Espíritu Santo el cuidar del buen nombre, porque es preferible esto a muchas riquezas. Lastimada la fama de los ministros, se originan muchos inconvenientes, particularmente que: Nuestro ministro es despreciado, según lo testifica el Apóstol San Pablo.

Alonso Chable, y Francisco Canul, grandes hereges idólatras, y embusteros

No omitiré que hace poco, el año de 1610, Dios Óptimo y Máximo manifestó que un Alfonso Chable y Francisco Canul, indios, se dieron a conocer entre los indios, uno como Papa y otro como obispo, y engañando a los ignorantes hicieron que los honraran los pobres cristianos de su doctrina, celebrando a media noche la Misa, con ornamentos consagrados a Dios Óptimo y Máximo, profanando nuestros cálices, abusando del santo óleo y crisma, bautizando niños, oyendo confesiones, administrando la Comunión, adorando los ídolos que veneraban en el altar con incienso, ordenando sacerdotes para servir a los ídolos, ungiéndoles las manos con óleo y crisma santo, usando mitra y báculo, mandando colectas y ofrendas, profiriendo grandes herejías; nunca habíamos oído que los naturales hicieran esto en las Indias; ¿dónde se halla igual maquinación? ¿tal audacia? ¿tanta perfidia, semejante furor y rabia en la guerra? ¿dónde tantos idólatras?; ¿igual irreverencia a los ministros de la Iglesia? ¿tan abundante embriaguez con su vino Balche, libado a los ídolos? ¿dónde tantos ídolos venerados en los altares y llevados procesionalmente? ¿Acaso en el arzobispado de México, en Tlaxcala, Michoacán, Chiapa, Guatemala, o Oaxaca? cuyos obispados aunque no todos haya visitado, empero de ninguno he oído semejantes cosas.

Son belicosos, como lo fueron sus passados

También debe llamar mucho la atención, las sediciones, tumultos o conspiraciones que intentan, como se ha visto en esta Provincia. Mas ¡ah dolor! tal vez recibieron esto cual derecho hereditario de sus padres, recordando lo que escribe Antonio de Herrera, en su Real Historia de las Indias y en los capítulos de esta Provincia, que estos indios eran valientísimos en la guerra, más que los demás indios bárbaros, y refiere este caso: que el capitán Don Francisco de Montejo fue una vez a la guerra, teniéndole un indio casi afianzado con las manos de suerte que lo habría sacado de la silla si no lo hubiera herido con la lanza o espada.

No se debe admirar haya tratado largamente más de lo conveniente todo esto, supuesto que por lo referido consta bastante la audacia e irreverencia de nuestros indios, que ya no pueden llamarse bárbaros, rústicos, incapaces y párvulos como se esfuerza en probar el argumento contrario.

Saben de coro la Doctrina Christiana

Si fueran rústicos y bárbaros, no hubieran aprendido toda la Doctrina Cristiana, la que recitan en su idioma todos los días festivos congregados en la iglesia: por tanto no pueden llamarse ignorantes, ni rudos, ni bárbaros, ni menores; porque en aquellas cosas que está uno obligado a saber, la ignorancia sobre lo que mira a la Fe, es pecado; sobre esto dice Sto. Tomás (2. 2, quaest. art. 5): porque los que ignoran sean ignorados (l. ad Corinth. 14, el 37 dist., p. vitim.), y la ignorancia voluntaria no excusa el pecado (II quaest. 3, cap. Excellentissimus): también que no aprovecha la ignorancia donde le precede la culpa (según en la l. itaque, ff. de contrah. empt.): también la ignorancia del pecado no excusa a alguno (cap. Ecclesia l. quaest. 4), que está en el Repert. de Inquisidores, vox ignorant.

AL QUINTO ARGUMENTO. Concedo: que sería un gran inconveniente, si atemorizados los demás infieles por el castigo de los idólatras no quisieran recibir nuestra Fe: pero como dijimos en el 1er. Fundamento, toda esta península se ha convertido a nuestra Fe Católica, y si quedan algunos infieles en la laguna que llamamos Tahytza,[89] no están en camino por donde los vean ni comuniquen: por tradición de los antepasados sabemos que esa laguna fue descubierta, con su capitán llamado Canek, hacia los confines de esta Provincia y Guatemala, o diócesis de Vera Paz, por el esclarecidísimo capitán D. Fernando Cortés, cuando por desconocidas montañas salió de la ciudad de México con su ejército (con gran admiración de los hombres) para visitar la Provincia de las Higueras. Sobre dicha laguna habla Antonio de Herrera[90] cuando trata de este hecho, y estando fuera de nuestro territorio, nada nos importa. Satisfechos los argumentos queda en pié nuestra 2ª Conclusión.

Anotaciones[91]

Se limita la 2ª Conclusión

Sin embargo, dicha conclusión se modifica para que no proceda contra el mandato o precepto de nuestro rey Felipe, a quien toca proveer en caso de castigo y captura de estos indios que se apartan de nuestra Fe Católica, lo cual clara y bastantemente se prueba con la referida Bula de Alejandro VI, que dice: «Para que podáis y estéis obligado a atraer a los pueblos que habitan en semejantes islas y tierras a la Religión Cristiana».

---

89   Ya estos de Tahytza se han convertido, según supe al passar por Yucatán el año de 1619, passando al Pirú, adoravan la estatua del cavallo que les dexó Cortés.

90   Antonio de Herrera haze mención desta laguna de Tahytza, Década 3, lib. 7. cap. 8.

91   Se ha intercalado este título, que falta en el original, para mayor claridad (N. del T.)

Luego si nuestro católico rey diere forma en aprehender y castigar a estos idólatras en su cédula u ordenanza, no hay duda que sostengo debe cumplirse y practicarse sin que obsten los derechos de haeret. antes mencionados, cuya fuerza y ejecución por ahora (por decirlo así) sólo se suspenden, y después quedarán estables, cuando la santa Inquisición general castigue a los indios, que Dios mediante (ASÍ SUCEDERÁ) en lo futuro.

Santa y Christiana provisión de la Audiencia de México, que ganó un Religioso

Y no creo, que el Real Consejo dexe de mandar a los Governadores lo que la Real Audiencia de México mandó el año de 1582, fol. 27 y 40, quando fray Gerónimo de León informó de la verdad del caso, y de tanta idolatría, y mandó al Governador don Guillén de las Casas no se entremetiesse, ni perturbasse el castigo destos idólatras. Luego la Audiencia de México bien conoció, que el castigo deste pecado pertenece privativamente al juez Eclesiástico. Véase la dicha provisión atrás.

Porque la autoridad no se ha dado al rey en valde; como tampoco el derecho al perito, el cuchillo al carnicero, el arma al soldado, la ordenanza al que manda; ni aun la severidad al buen padre; todo esto tiene su regla, por causa de utilidad; cuando se teme, los malos son reprimidos, y los buenos viven con más tranquilidad entre los malos.

Así dice el tex. in cap. nono frustra 23, q. 5: véase el tex. en el cap. de liguribus; en el cap. quali nos, y en el cap. relegentes eadem causa, et quaestione en que se excita a las autoridades para que castiguen a los cismáticos, con cuanta mayor razón deben excitarse contra los idólatras que, cual nocivo rebaño, inficionan a todo él.

Advierte a los Curas, y Ministros no sean crueles

También creo advertir que no con motivo de nuestra segunda Conclusión, los ministros o comisarios del obispo vayan a proceder contra estos idólatras con crueles suplicios, despreciando lo dispuesto por el Derecho cuado trata sobre la captura y tormento; porque la Iglesia, como madre, movida a misericordia, procede contra sus hijos con prudencia y suavidad por medio de provechosas advertencias, amenazas, conversaciones privadas mientras sufren la prisión; porque los presos muchas veces confiesan la verdad y sus delitos con solas palabras mejor que con castigos, según lo demuestra la experiencia y lo practica la santa Inquisición.

Así dice el apóstol San Pablo a Timoteo: Reprende, ruega, amonesta, con toda paciencia, y doctrina (II Timt. IV, 2) y a los (Colosenses) de Efeso: embrazando el escudo de la fe... y la espada del espíritu que es la palabra de Dios (VI, 16 y 17).

Y según el Concilio Tridentino, ses. 13, cap. 1, dice: Cree ante todas cosas debe amonestarles que se acuerden son pastores, y no verdugos; y que de tal modo conviene manden a sus súbditos, que procedan con ellos, no como señores, sino que los amen como a hijos y hermanos, trabajando con sus exortaciones y avisos, de modo que los aparten de cosas ilícitas, para que no se vean en la precisión de sujetarlos con las penas correspondientes, en caso de que delincan. No obstante, si aconteciere que por la humana fragilidad caigan en alguna culpa, deben observar aquel precepto del apóstol de redargüirles, de rogarles encarecidamente, y de reprenderles con toda bondad y paciencia.

Pues en muchas ocasiones es más eficaz la benevolencia que la austeridad; más la exortación, que la amenaza; y más la claridad, que el poder. Mas si por la gravedad del delito fuere necesario el castigo, entonces es cuando deben usar del rigor con mansedumbre, de la justicia con misericordia, y de la severidad con blandura; para que, sin aspereza, se conserve la disciplina necesaria y saludable a los pueblos, y se enmienden los que fueren corregidos; o si no quisieren volver sobre sí, escarmienten los demás para no caer en los vicios, con el saludable ejemplar del ajeno castigo; pues es propio del pastor diligente, y al mismo tiempo piadoso, aplicar primero fomentos suaves a las enfermedades de sus ovejas, y proceder después, cuando lo requiera la gravedad de la enfermedad, a remedios más fuertes y violentos.

Si aun no aprovecharen éstos para desarraigarlas, servirán a lo menos para librar las ovejas restantes del contagio que les amenaza. Estas palabras del Concilio deseo se lean una y muchas veces: no deben ser rechazados los que se hallaren verdaderamente penitentes, pues la Iglesia es madre y no quiere la muerte del pecador sino que convierta y viva, y no le cierra las puertas, cap. si abstulerit; cap. sancimus; cap. Ecclesiarum 12, q. 2, y cap.

non vos 23, q. 1, y cap. Petrus doluit, y cap. lachrymae, y cap. sacrifitium, y cap. dixi y su glosa, la misma quaest. cap. si agamus de poenit., dist. 2.

Objeción, que los Obispos no son Inquisidores ya

Y no obsta, si se objeta contra nuestra 2ª Conclusión, que se ha quitado y extinguido la potestad de los obispos acerca de los herejes, apóstatas, cismáticos y semejantes a éstos, concedida por el Tribunal de la santa y general Inquisición. Porque contesto, negando la objeción con lo dicho antes, que se encuentra en el Repertorio de Inquisidores voz cognoscere y con la Bula de Julio III que se halla al fin de dicho Directorio, fol. 118; allí se lee: Y nadie de dichas autoridades, etc., como se dice en el folio 85.

Porque en las Indias no conoce el santo Oficio contra Indios, o porque assí lo ordena la general y santa Inquisición o por orden y mandato del Rey nuestro señor, a que me remito, y a quien lo sabe, porque yo no lo alcanço. De lo cual deduzco que estos indios están sujetos a la autoridad episcopal, y a lo dispuesto por el derecho común DE HAERETICIS EXTRAV. et in Sexto, et in. Clement, bajo el mismo título: de otra suerte sus delitos quedarían impunes.

Y así me atrevo a asegurar intrépidamente que están exentos (por ahora) hablando según el estilo y uso de dichas Cédulas de la jurisdicción de la santa Inquisición, según la ordenanza o disposición de nuestro rey Felipe, que creo se debe observar porque a él toca, conforme a dicha Bula de Alejandro VI, en virtud de la cual debe creerse que se envió la Cédula del año de 1608, y dice: «Por lo qual os ruego y encargo, que por vuestra parte procuréis con muchas veras escusar estas idolatrías, usando para ello de los medios que os parecieren más convenientes».

Palabras de la provisión del primer Inquisidor de México

Lo qual juzgo verdadero, en vista de las cartas del Illmo. Sr. D. Juan de Tavera, Arzobispo de Toledo,[92] Inquisidor General Apostólico, ya mencionadas, que dicen: Para que podáis inquirir, e inquiráis contra todas, y qualesquier personas, de qualquier estado, calidad, y condición, prerrogativa, y preeminencia, o dignidad que sean, exemptos, y no exemptos, vezinos y

---

92   .Desde 13 Mayo 1534 a 1º Julio 1545 que murió. Según Gams. Serie Episcop. (N. del T.)

moradores que son, o ayan sido en la dicha Nueva-España, que se hallaren culpados, sospechosos, o infamados en el delito, e crimen de la heregía, e apostasía, &c.

Véase cómo abraza a todos los habitantes de estos reinos sin distinción o límite de indios o españoles. Luego la potestad de corregir a los indios herejes, y apóstatas, como son los idólatras, por tolerancia o disimulo de la santa Inquisición, se deja a los Obispos, que, los corregían con paternal castigo en esta diócesi, atendiendo y considerando la cualidad y facilidad de los indios para pecar. Mas ahora que ha aumentado su malicia, audacia e insolencia, no es conforme a razón, que semejantes delitos se corrijan con lenidad, sino con severo castigo y digno de tal delito, como dice el Señor por San Lucas (XIV, 23): FUÉRZALOS A ENTRAR.

Los Obispos quando conocen de heregía, o apostasía, usan del modo que los Inquisidores

Luego si la facultad de castigar a los indios apóstatas la tienen los obispos, por lo mismo deben usar del derecho de aprenderlos y corregirlos conforme al cual los Inquisidores generales así lo hacen, por el tex. in cap. per noc, de Haeret., tantas veces alegado, por la Bula de Julio III y por otras que trae Eymerico al fin del libro Directorio de Inquisidores.

El Padre Fr. Francisco Gutiérrez fue Maestro del Autor

No me avergonzaré de confesar cuánto peso e importancia tenga el dictamen del Lic. Cervera. Lugarteniente del Gobernador, citando docta, elegante y brevemente muchos y diversos Cánones y gravísimas autoridades, al cual se adhirió Fr. Francisco Gutiérrez de la orden de los menores, a quien no sin fundamento veneré cuando me enseñó en México los rudimentos gramaticales en el Colegio de la Compañía de Jesús; el que por algunos años fue lector de Sagrada Teología; y siendo profeso de cuarto voto, pasó y entró a la religión de S. Francisco, e inspirado por Dios vino al fin a esta Provincia Yucateca para cultivarla y en ella se adscribió, donde enseña públicamente Sagrada Teología en el convento de esta ciudad, así como ejerce la predicación.

También se adhirieron el Dr. Gutiérrez de Salas, hombre letrado, abogado de la Audiencia de México, electo relator de la de Santo Domingo, y el antiguo Lic. Merino Bustos, Lugarteniente del Gobernador de esta Provincia, muy versado en esta materia, testigo ocular en esta controversia sobre la aprehensión de idólatras, cuyos pareceres dieron católicamente sin afección ni temor al gobernador Don Carlos de Luna y Arellano, teniendo presente lo que trae San Gerónimo sobre el cap. IV de Amos que refiere Graciano en el cap. quicumque 11, q. 3, con estas palabras:

> Cualquier que se guía para juzgar por el parentesco o amistad, o al contrario por odio hostil o enemistad, trastorna el juicio de Cristo, que es justicia, y su fruto así se convierte en amargura. Lo mismo asienta San Agustín en el capítulo, que si alguno por miedo u otra autoridad oculta la verdad, se atrae la ira divina porque teme más a los hombres que a Dios.

Por tanto, la opinión de este gobernador contra los dos obispos, por no decir odio y contra todos los ministros, bastante consta en la Cédula del año de 1608, que dice:

Palabras de la cédula de reprehensión del Governador

Y que en quanto pudiéredes procuréis no dar lugar a que los Indios pierdan el respeto a los Religiosos, y que tengáis buena correspondencia con el Obispo dessa tierra. Con cuyas palabras se evidencia que dicho gobernador escribió algo contra los obispos y religiosos al Real Consejo, particularmente por estas otras:

> Y que os entremetéis en despachar mandamientos para todos los Governadores, y Alcaldes de los Indios, para que no den ningún favor, ni ayuda a ningún Religioso ni Clérigo, que quisiere castigar a algún Indio por qualquier delito que aya cometido: de que resultara el perderles el respeto, y vivir sin ningún miedo. Y que asimismo os entremetéis en hazer informaciones, como en efeto lo hizisteis contra un Guardia, que açotó a algunos Indios, porque no oían Missa, ni sabían la Dotrina, y a los Alcaldes de los lugares, porque lo consintieron, los prendistes.

Estas palabras no son sin motivo, se pusieron debido a las quejas de los religiosos: porque si el Gobernador hubiera auxiliado a los ministros y no los hubiera calumniado, no dudo que los idólatras se reprimieran en tanto crimen, audacia, insolencia y tenacidad. Mas, ¡ah dolor! no debe causar admiración si los ministros tan calumniados y atemorizados dejan de desempeñar su ministerio.

(Una) cuestión

¿Puede el Obispo de Yucatán, aprehender, encarcelar y azotar, sin el auxilio del brazo secular, a los Indios de esta Provincia, que adoran a los ídolos?

(Continúa)

Alaba el Autor al Governador don Carlos de Luna y Arellano en la redución de los idólatras que reduxo el año de 1605

Pero ni creo pienso deba creerse que el mencionado Gobernador haya querido directamente favorecer a los idólatras, sino que se ha guiado más bien por celo cristiano. En efecto, supe de cuán sutil ingenio y cuán misericordioso fue hacia los indios, al fin como oriundo de la muy noble y antigua familia de Arellano, en el reino de Aragón, y cuán pronto fue para obedecer las reales Cédulas; a quien siempre vi ocupado en la Nueva-España desempeñando tantos y tan importantes cargos ya en la ciudad de Tlaxcala, en la ciudad de los Ángeles, en Oaxaca y por último en el Gobierno de esta Provincia; quien me prestó grande auxilio en 1605 para reducir a ciertos idólatras que estaban en los montes cuando era Beneficiado en Chancenote, como consta por la carta que me escribió, notando en ella su grande celo, la cual así dice:

Carta del Governador don Carlos de Luna y Arellano al Autor

El zelo de V. md. me parece que es el principal que obra en la reducción destos Indios, pues se muestran efectos tan importantes, como lo son que V. md. tiene reduzidos a su dotrina. Dios lo lleve adelante para servicio suyo, y méritos de los que deseamos agradarle. La promessa que ofrecí a los Indios, que se reduxessen, de que los amparare, y favorecere en esse assiento, que

149

poblaron al parecer de V. md. que los ha de administrar, y que no serán traídos por acá, ni tributarán, ni harán otro servicio personal por seis años. Yo lo cumpliré el tiempo que su Magestad me tuviere en este oficio, y entre tanto acudiré a todo lo que entendiere ser de su gusto. V. md. se lo diga de mi parte, y les assegure desta verdad.

La carta que V. md. escrive, y la memoria de los Indios, que se han reduzido, embiaré su copia al Consejo, para que su Magestad entienda la importancia conque V. md. le sirve; a quien guarde nuestro Señor con el acrecentamiento que puede. De Mérida, y Março 14 de 1605 años.

Ayúdeme V. Md. a dar gracias a nuestro Señor de aver alumbrado a doña Catalina de un hijo con salud de entrambos. -El Mariscal.

Presentó el Autor gran cantidad de ídolos de barro al Governador en Teçemín

Después presenté al mismo Gobernador, cuando visitó la Provincia de Tezemín, multitud de ídolos de barro que les quité a los indios en virtud de mi ministerio ya en el confesonario ya después del sermón, que en su lengua prediqué en la Domínica IV de Cuaresma de 1607, según que él había ordenado que se les amenazara, haciéndolo con celo cristiano, y así lo ejecutó por medio de su intérprete en toda la Provincia: entonces estaban reunidos en la iglesia casi 4 mil entre hombres y mujeres, para que se apartaran de ese pecado, habiendo también gran concurso de españoles; lo cual si hicieran los demás gobernadores antes y después los indios no hubieran vuelto a tanta tenacidad y a venerar a los ídolos. Aprovecha, pues, mucho que ambos jueces, eclesiástico y secular, mutuamente se ayuden, como sostienen todos los doctores, y que tengan, busquen y conserven entre sí la armonía; de lo contrario experimentan el adagio sabido.

Conviene que el culto Divino se celebre con músicas e instrumentos

Todo lo que reyes deliran, los súbditos lo pagan. Demostrando la experiencia cuánto importa a los jueces, príncipes y cabezas de la República, que cuiden y propaguen el culto divino, en especial entre infieles, bárbaros y neófitos, convidándolos y celebrando los divinos oficios con trompetas y címbalos, con la gran melodía de muchas voces y órganos, flautas y toda clase de músicas, como es debido a tan grande y venerado sacrificio; los indios así se atraen, se admiran y se provocan a devoción, todo lo cual así está ordenado en las Cédulas de nuestro Rey.

Capitán don Iuan Chan, valeroso Indio, y sus hijos

Y para que se sepa por los señores Prelados, y Governadores futuros los lugares más sospechosos de idolatrías, según los processos que hize, siendo Provisor, Sede vacante, y Vicario general en la villa de Valladolid. Advierto que en las montañas, que ay despobladas desde el Cabo de Cotoch hasta la Vaia de la Ascensión ay muchos assientos de pueblos antiguos, que se reduxeron a otros para ser más bien dotrinados en la primera reducción luego que se ganó la tierra. En los quales assientos se recogen los Apóstatas de nuestra Religión sagrada; y será útil y necessario que los visite, y recorra en tiempos secos un Capitán Indio buen Christiano, dos y tres vezes al año con veinte, o treinta soldados Indios diestros en talar los montes dichos, como lo hizo un Capitán Indio, Governador, de Chançenote, llamado don Iuan Chan, y sus hijos don Francisco, y don Baltasar, donde reduxe al pie de ciento y cincuenta almas, chicos y grandes el año de 1605 quando el Governador don Carlos de Luna y Arellano me escrivió la carta referida.

Demás destas montañas ay otras desde el pueblo de Chemax te Kamxoc (sic), Tixvalahtun, Xocen, hasta la dicha Vaia de la Ascensión, Çama, Yppole (sic), y otras desde el pueblo de Tixoçuc. Encomienda de Francisco Sánchez de Aguilar mi hermano, hasta la misma Vaia, y el despoblado de Chable hazia Vacalar; y en frente desta Costa ay infinidad de isletas despobladas, adonde se acogen estos Apóstatas, y visitándolas, sería possible topar la isla donde dizen está el tesoro, y barras de plata del Galeón Capitana, que se perdió el año de 1607. Hállase ámbar en estas islas; y advierto que el dicho pueblo de Tixoçuc ha sido tocado en este delito: adonde el Beneficiado de allí Francisco Ruiz Salvago sacó muchos ídolos de una cueva, que está en el mismo pueblo el año de 1605, la qual descubrió un mancebo Español llamado Ioseph Cansino andando a caça, de conejos, e iguanas, topó con la dicha cueva de ídolos, y dio noticia al Cura; y viendo los Indios que su delito era público, temiendo el Castigo huyeron a los montes casi los más dellos.

Plática del Encomendero Francisco Sánchez de Aguilar

Y aviéndolo sabido el dicho su Encomendero, fue allá a reduzirlos con halagos y amonestaciones Christianas, embiándolos a convocar con algunos Indios Católicos, y buenos Christianos. Y aviendo traído al pueblo gran parte dellos, les persuadió a que pidiessen misericordia a la santa Madre Iglesia, y que se bolviessen de coraçón al gremio della, y dexassen de una vez sus idolatrías, y que con esta condición los favorecerían, y alcançaría la absolución del Prelado; porque no quería tener idólatras en su Encomienda. Con las quales amonestaciones los reduxo, y favoreció, hasta que fueron penitenciados con mucha misericordia, aunque algunos se alexaron a las dichas islas, y nunca bolvieron. Lo qual si hiziessen todos los Encomenderos en las ocasiones semejantes, sería de gran importancia. Pues los sagrados Cánones de los Concilios Toletanos referidos lo encargan a los señores.

Los que defienden a los idólatras son sospechosos

Muy al contrario de lo qual sucedió a un Encomendero, que fiado en el favor del Governador, y en la cédula antigua referida, en que manda su Magestad no tuviessen los Religiosos cepos, quebrantó una cárcel Eclesiástica en un pueblo, y echó fuera los idólatras presos con gran escándalo, y perjuizio de su conciencia, sobre que el dicho Obispo le tuvo muchos meses descomulgado: y cayendo en su yerro, como Christiano ocurrió al Metropolitano, y fue absuelto. Lo qual refiero en Dios nuestro Señor con ánimo y zelo de advertir a los demás Encomenderos ayuden a extirpar la idolatría como señores de vassallos, y como lo disponen los sacros Cánones, y Bulas referidas: porque defendiéndolos, aunque sea indirecté, se hazen sospechosos, según la dotrina del Repertorio Inquisitorum, veb. defensores, y los Autores citados.

Mandó el Autor demolir estos adoratorios

Assimismo supe y entendí, que los Indios de la Provincia de Teçemín, que van a pescar en toda la costa de Choaca, antes de hazer sus pesquerías, hazen primero sus sacrificios y ofrendas a sus falsos Dioses, ofreciendo candelas, reales de plata y cuzcas, que son sus esmeraldas, y piedras preciosas en lugares particulares, Cues, y Sacrificaderos, que se ven en los braços de mar, y lagunas saladas que ay en la dicha costa de Choaca, hazia el río de Lagartos. Los quales por auto y mandamiento que proveí, ordené se assolassen y demoliessen el año de 1607 y no se que se executasse: adviértolo in Domino.

Y el principal adoratorio en su Gentilidad era en la isla de Coçumel, cuyos vezinos son grandes idólatras, como queda referido pág. 292 aviendo sido los primeros que adoraron la Cruz, que les dexó Cortés, quando passó a la conquista de México, y quebraron sus ídolos por lengua de Gerónimo de Aguilar, como lo refieren los antiguos historiadores, Gómara, Zárate, Castillo, y Antonio de Herrera.

Epílogo de este informe

De todo lo qual se colige clara y abiertamente la respuesta a la cédula Real del año de 1605, en la qual su Magestad manda sea informado si es verdad, que ay esta idolatría en este Obispado de Yucatán, y que es la causa que aya tantos idólatras; y si reinciden por el poco castigo, y que se podrá hazer para su remedio; y porque esta cédula se proveyó a mi instancia, me pareció responder a ella con este informe, y hazer este pequeño servicio a Dios nuestro Señor, y a su Magestad, y a mi patria. La conclusión de la cédula dice assí:

> Por la qual vos encargó y mandó, que me informéis si los Indios desse Obispado idolatran, y que es la causa de que esto se haga más en essa tierra, que en otras: y si reinciden por el poco castigo que se les da, y que se podrá hazer para su remedio, con todo lo demás que se os ofreciere, y ocurriere ser necessario advertirme.

En que se contienen quatro cosas, de que el zelo Christianíssimo de su Magestad desea ser informado. La primera, si los Indios deste Obispado idolatran. Segunda, que es la causa de que en este Obispado esté la idolatría más arraigada, que en otro. La tercera si reinciden en este pecado, por el poco castigo que se les da. La quarta, que se podrá hacer para remedio de tan gran daño.

Responde a la primera

A lo primero no ay que responder, pues por tantos Indios presos, y processos hechos, y tantos millares de ídolos de barro, que se sacaron estos años passados, consta la respuesta que ay tantos idólatras, que es lastima, y de llorar y lamentar con el Profeta Ieremías, cap. 9. ¿Quién dará... a mi cabeza... una fuente de lágrimas? Jer. C. IX, 1. Y con Isaías cap. 1. ¡Hijos crié y engrandecí: más ellos despreciáronme! IS C. I, 2. Y se deve temer el castigo de Dios N. Señor, que diversas vezes hizo en los hijos de Israel, por ser dados a idolatrías.

Y que a bueltas destos Indios idólatras no seamos castigados todos, como lo anuncia el Profeta Micheas, ibi: ¿Cuál es la maldad de Jacob? ¿no es Samaria? y cuáles las alturas de Judá? ¿no es Jerusalem? Y pondré a Samaria como montón de piedras. MIQUEAS, C. 10, 5 y 6. Y el Profeta Isaías cap. I. ibi: Y quebrantará a los malvados y pecadores juntamente: y los que desampararon al Señor serán consumidos. Y en el cap. 2. Y llena está su tierra de ídolos: adoraron las obras de sus manos, que hicieron los dedos de ellos. Y encorvose el hombre y humillase el varón: pues tú no los perdones.

Y será possible, que venga el castigo a todos por nuestra omissión y remissión de los ministros, y juezes Reales, que tanto han defendido indirecté el castigo destos idólatras, dilatándole con la competencia que han tenido, y tienen con los juezes Eclesiásticos, y Obispos como está dicho.

Responde a la segunda quál es la causa

A lo segundo, qual sea la causa de estar la idolatría arraigada más en este Obispado, que en otros. Digo y afirmo, que el aver ido a la mano al segundo Obispo don Diego de Landa en castigar este pecado. Con lo qual cessó el castigo por más de quarenta años, que ha que se le intimó al dicho Obispo la provisión Real de la Audiencia de México, inserta la Real cédula del año de 70. La qual, como se ha dicho parece fue ganada obrepticia, o subrepticiamente; pues callaron la verdad, sin hazer relación, que lo que castigava el Obispo era la idolatría. Y acusando de cruel y severo, y si se expressara esta verdad, proveyera la Audiencia lo que proveyó por otra Real provisión, su data el año de 1582 que arriba, se traxo pág. 222.

A esto mismo fomento la competencia que tantos años han tenido los dos Tribunales, sobre el conocimiento deste delito, no dándose maña en la determinación del caso, estendiendo los juezes Reales su jurisdición en no dar su auxilio, hasta ver los processos, con que pienso incurrieron en las censuras de tantos Derechos Canónicos, y Bulas muy modernas de nuestros santos Papas, y en particular en la de Iulio Tercero; que puse, pag. 216 con que ataron las manos al dicho Obispo y a los demás sus sucessores, y juezes Eclesiásticos, no siendo la intención del Rey nuestro Señor, ni de su Audiencia Mexicana essa, sino que fuessen castigados los idólatras, como luego passados doze años lo mandó, e inhibió al Governador don Guillén de las Casas del conocimiento deste pecado, y manda ayude con su auxilio a los juezes Eclesiásticos.

Y esta me parece en Dios N. Señor aver sido la causa de arraigarse la idolatría en este Obispado más que en otros, y no la que algunos malévolos imaginan, y imputando a los Ministros y Curas este descuido por falta de dotrina. A que está respondido bastantemente.

Responde a la tercera

A lo tercero, si reinciden, por el poco castigo, es notorio y evidente, que aviendo cessado el castigo por tantos años creció la idolatría: y si algún castigo huvo, fue muy leve. Reinciden todos, y los más idólatras,[93] como reincidió Cocom, que fue ahorcado en Campeche, y Alonso Chable, que oy está preso por gran docmatizador heresiarca con su compañero, y consorte Francisco Canul: cuyos delitos enormes de idolatrías, heregías, sacrilegios y brugerías, haciéndose el uno Sumo Pontífice, y el otro Obispo, son para escandalizar en estremo a los oyentes, según la relación que tengo de sus confessiones hechas ante el señor Obispo don Gonçalo de Salaçar; y si huvieran sido castigados con rigor, y exemplarmente, no reincidieran para llevar tras sí tantas almas al infierno, como avrán llenado con su falsa y perniciosa dotrina.

---

93   .Pues por cuanto la sentencia no es dada luego contra los malos los hijos de los hombres, sin miedo alguno, cometen males. Eclesiastes VIII, 11.

Cada miércoles entran y salen mil Indios en esta Ciudad

Y ocularmente he visto, que hazen platillo y trisca estos idólatras del poco castigo que se les hizo, conque animan, e incitan a otros; y assí conviene sean castigados conforme a derecho, y leyes destos Reinos; y que el castigo sea en esta ciudad de Mérida, donde concurren cada Miércoles al pie de mil Indios de diferentes pueblos al servicio casero de los Encomenderos, y vezinos, que llaman tanda; porque estos llevavan a sus pueblos las nuevas, y convendría juntar los Caciques, y Governadores Indios de la comarca desta ciudad para ver este castigo; porque en ellos está la enmienda deste delito, y con semejantes actos como los del Santo Oficio quedarán atemorizados y enmendados.

Responde a la quarta

A lo quarto, que su Magestad manda sea informado que se podrá hazer para el remedio. Dico multa.

16 remedios[94]

I. Basta el auxilio de los Governadores Indios

Lo primero, que el Obispo nombre sus juezes Eclesiásticos, quales conviene de ciencia y experiencia, que jurídica y sumariamente conozcan e inquiran este delito, prendiendo los culpados, e Indiciados, e sospechosos con el auxilio de los Governadores, y Alcaldes Indios de los pueblos donde se hallare este pecado (porque en ellos no ay Corregidores Españoles, ni los puede aver, por cédulas Reales que tienen las villas de Valladolid, y Campeche, por ser cargosos a los pobres Indios con sus grangerías).

Lo qual parece que concede la provisión Real de la Audiencia de México del año de 1607 que está referida, págs. 249 y 250 sin esperar otro auxilio de la justicia mayor y Governador que reside en esta ciudad de Mérida, por el riesgo de la fuga de los delinquentes, por la distancia, y peligro en la demora, dando después parte al Governador de los presos sin conocimiento del processo, y castigando los dogmatizadores, y relapsos, y falsos

---

94   Se ha intercalado este título, que falta en el original, para mayor claridad. (N. del T.)

Sacerdotes, conforme a las leyes destos Reynos, relaxándolos al braço Real, desterrándolos desta Provincia, o condenándolos a servicios personales de Iglesias, y Monasterios, o a las fuerças de S. Iuan de Ulúa, y la Habana, privándolos perpetuamente de oficios Reales, que ellos sienten mucho; y sobre todo encarcelando prepetuamente conforme al Concilio Limense referido, pág. 215, a los viejos relapsos, y perniciosos endurecidos en este pecado, para que apartados de los demás, no inficionen el resto deste rebaño.

II. El verdadero antídoto y medicina contra la idolatría

Ultra desto sería el verdadero antídoto, y medicina contra esta enfermedad y pecado de idolatría, que su Magestad mandasse a los Padres de la Compañía de Iesús poblassen en esta ciudad un Colegio, donde se enseñaran a los hijos de los Españoles letras, y virtud, y destos los más serán Sacerdotes, y Religiosos, y predicaran a los Indios en su misma lengua con ventaja; porque por carecer de estudios, admiten pocos en la Religión de San Francisco,[95] a cuyo cargo está toda la doctrina de los Indios, por tener la mayor parte de la tierra, y professando letras los admiten de muy buena gana por saber la lengua.

Y aunque su Magestad embía de España a su Real costa muchos y graves Religiosos, no todos se inclinan a perseverar en la tierra, por sus incomodidades, ni todos predican en la lengua, por ser difícil en la pronunciación. Y para fundación de este Colegio ay bastante renta con los treinta mil pesos que dexó el Capitán Martín de Palomar para este efeto: cuyo testamento ordené a su muerte, y por no aver dado su Magestad su licencia, no se ha fundado este Colegio, o porque el Generalísimo, desta Orden no la aprueva.

III. Que tengan Altares, y Rosarios

Ultra desto sería muy útil, que los Indios tengan Altares, e Imágenes, y Cruzes en sus casas como al presente lo manda el Obispo don Gonçalo de Salaçar, porque en esto son remissos, y poco devotos, e no imitan a los Mexicanos, que cada uno tiene su Oratorio; y assimismo que todos traigan Rosarios al cuello, porque son pocos los que lo tienen.

---

95 .Quando passé por Yucatán el año, de 1619 para el Pirú, hallé que esta sagrada Religión pobló Colegio en Mérida.

IV. Que de noche no hagan juntas, ni bailes

Ultra que de noche los Indios no hagan juntas, ni bailes ni bodas, porque en son dellas hazen sus sacrificios, e usan sus ritos, e ceremonias.

V. Que no bevan el Balche

Ultra que no hagan, ni bevan el vino Balche conforme a la cédula de su Magestad referida, pág. 212, porque la experiencia muestra, que es ofrendado a los ídolos, y pernicioso para sus vicios lascibos, y que solos los idólatras lo beven; y donde se haze este vino, ay idolatría oculta.

VI. Que no se passen de un pueblo a otro

Ultra que no se les permita, ni dé licencia el Governador de su Magestad para passarse de un pueblo a otro por aora, ni que vivan de assiento en sus milpas, y sementeras, conforme a la cédula de su Magestad del año de 1548. sino fuere con bastante causa aprovada por el Governador Indio, y por el Cura, o Ministro, porque so color de las licencias que se les ha dado, se van a vivir a las montañas en la soledad a su propósito quatro, y seis leguas de poblado, donde viven, y mueren sin Missa, y sin los Sacramentos, y sin recorrer la dotrina Christiana, revocando, o limitando, o modificando la dicha cédula, en que se fundava el Governador que les dava tales licencias, ignorando el daño.

VII. Que los santos Ólios, Cálices, y Ornamentos no se fíen a Sacristanes Indios

Ultra que los Ministros, y Curas no fíen de Sacristanes Indios la custodia de los santos Ólios, y Ornamentos, porque no suceda lo que a Chable, y Francisco Canul hizieron.

VIII. Que reciban el S. Sacramento los Indios

Ultra que ya es tiempo que participen estos Indios del divino Sacramento del Altar, Cuerpo, y Sangre de nuestro Señor Iesuchristo, de que han carecido sus passados, y los presentes, por la sospecha que de ellos huvo de idolatrías, y con esta leche de Fe, y fortaleza se harán robustos contra las tentaciones del demonio, y los Curas, y Ministros acudirán a su oficio, preparándolos para tan alto Sacramento.

IX. Que se añadan Curas, y Parroquias

Ultra desto sería muy útil añadir Curas, y multiplicar Curatos en los pueblos de dozientos, y trecientos vezinos, que están dos y tres leguas de los Conventos, y Parroquias principales; porque estos es imposible que oigan missa, ni tengan dotrina, ni el Cura los visite tan a menudo, como conviene, ni sepa quién vive de assiente en sus milpas, y falta de la dotrina y pueblo por mucho tiempo: lo qual dispone el Concilio Tridentino, sess. 21. cap. 4. y el título de Ecclesijs aedificandis cap. 2. y ay cédula de su Magestad, que lo manda en el libro de provisiones, pág...[96] porque se pueden sustentar con las ofrendas y obenciones.

X. Que no se muden los Curas

Ultra desto advierto in Domino, que es gran inconveniente que los Curas Religiosos se muden cada año, o cada dos de una Guardianía a otra; con lo qual nunca conocen sus quejas, ni pueden curarlas como convendría, ni saber quién es sospechoso en la idolatría; y salvo mejor parecer, en mí es agena, y materia de Religiosos parece que convendría, que el Religioso Cura fuesse perpetuo, como lo son los proveydos por el Real patronazgo, y que en los Conventos, donde ay tres y quatro Religiosos, el Guardián sea trienal y no el Cura.

Y si en dezir esto, me adelanto, lo dexo a Dios nuestro Señor, que sabe mi intento, y al del Profeta Ezechiel cap. 34. ibi: Ay de los pastores de Israel, que se apacentaban a sí mismos, ¿que los pastores no dan pasto a sus ovejas? comíais la leche y os vestíais de su lana, y matabais las ovejas más gruesas, más no apacentabais mi grey. No fortificasteis lo que estaba flaco, y no sanasteis lo enfermo, y lo que estaba quebrado no lo atasteis, y lo descarriado no lo tornasteis, y no buscasteis lo perdido; sino con aspereza, y con imperio dominabais sobre ellas. Y fueron dispersas mis ovejas, porque no tenían pastor: y se hicieron presa de todas las bestias del campo, y fueron

---

96   Hueco en el original. La 2ª edición del Cedulario de Puga hecha por los R. R. del periódico *El Sistema Postal* (México. 1878-79) trae algo relativo al asunto en la Cédula de 20 Noviembre 1536 (tomo I, pág. 394) y en la de 23 Abril 1548, (tom. II, pág. 33)

dispersas. Anduvieron descarriadas mis ovejas por todos los montes, y por todo collado alto: y sobre toda la haz de la tierra fueron dispersas mis ovejas, y no había quien las buscase, no había, digo, quien las fuese a buscar.

Y concluye el Profeta diciendo: He aquí yo mismo demandaré mi grey a los pastores de la mano de ellos, y harelos cesar para que nunca más apacienten grey, ni los pastores se apacientan a sí mismos.

(Una) cuestión

¿Puede el Obispo de Yucatán, aprehender, encarcelar y azotar, sin el auxilio del brazo secular, a los Indios de esta Provincia, que adoran a los ídolos?

(Continúa)

No se hizo este informe para defender solamente a los Ministros

Las quales palabras pongo, porque no se presuma, que este informe se hizo sólo en favor de los Ministros, que tan caídos, y perseguidos están, y con ellas, y con las amenazas deste santo Profeta abrirán los ojos, y más si leen sus obligaciones cifradas en el Sumario del Concilio Tridentino, verb. Paróchi, que dice assí: Obligación del párroco es predicar, exponer lo que se lee en la Misa; explicar el decreto sobre el matrimonio, enseñar a los niños los rudimentos de la Fe, y la obediencia, (explicar) el uso de los sacramentos, (exponer) la Palabra divina y dar consejos saludables, recomendar la guarda de los días festivos, conocer, conocer a sus ovejas, ofrecer por ellas el sacrificio, administrar los sacramentos, aparentar con el buen ejemplo, cuidar paternalmente de los pobres y miserables, frecuentemente celebrar misas, residir en sus Iglesias, cumplir los decretos sobre matrimonio, bendecir las bodas, llevar libro de matrimonios y bautismos, acudir al Sínodo Diocesano, no llevarse del afecto carnal con los parientes, aceptar los decretos del Concilio, prometer la obediencia, anatematizar a los herejes, observar hospitalidad. Y sabiendo y teniendo en la memoria estas obligaciones, y cumpliendo con ellas, no se verifica lo del Profeta.

Los pequeñitos pidieron pan, y no había quien se los partiera, si uno de ellos pereciere apenas podrá dársele el nombre de sacerdote, y se verificará aquello del Señor: «Si el ciego guía a otro ciego, los dos caerán en la fosa».

Véase el tex. in cap. quae ipsis 36 Distint. nam e contra. Los curas más bien destruirían que edificarían, como in c. grave nimis, de Praebend. cuyas palabras son estas:

> Demasiado grave y absurdo es, que ciertos Prelados de las Iglesias, cuando puedan promover a los beneficios eclesiásticos sujetos idóneos, no temen colocar a los indignos; que ni los recomiendan la honestidad de costumbres, ni la ciencia de las letras, que no se guían por la razón sino que siguen el afecto de la carne, de lo cual resultan a la Iglesia grandes perjuicios como lo conocerá cualquier hombre sensato.

XI. Que los Curas conozcan la lengua Indígena

Ultra desto conviene precisamente, que los Curas sean muy expertos en la lengua de los Indios, por los inconvenientes que se pueden seguir. Y advirtió el Rey nuestro señor Felipe Segundo en las dos cédulas, que se hallaran en el Archivo Eclesiástico, del tenor siguiente. Porque en predicarles, consiste su verdadera conversión, y conocimiento de nuestra santa Fe Católica.

EL REY. Reverendo in Christo Padre Obispo de la Provincia de Yucatán, del nuestro Consejo. Sabed, que a Nos se ha hecho relación, que a causa de no saber la lengua de los Indios, de los repartimientos que están puestos en nuestra Corona Real, los Religiosos que están puestos para la dotrina dellos, sin saberles declarar la dotrina, se mueren muchos sin confessarse, ni recibir los Sacramentos, de que ay mucho peligro en su salvación; y porque como sabéis, esto es a vuestro cargo como Pastor dessas ovejas, y es justo se mire con mucho cuydado, por lo que toca a su dotrina, os ruego y encargo assí lo hagáis, procurando que los dichos Religiosos sepan la lengua de los Indios, para darles mejor a entender la dotrina y predicación; y lo demás que convenga a su salvación; que demás del servicio que haréis a nuestro Señor, y cumplir con lo que a esto sois a cargo, yo recibiré contentamiento. De Madrid a 26 de Mayo de 1573 años. YO EL REY. Por mandado de su Magestad. ANTONIO DE ERASO.

Y lo mismo se encargó al Provincial de la Orden de S. Francisco por cédula del tenor siguiente.

EL REY. Venerable y devoto Padre Provincial de la Orden de S. Francisco de la Provincia de Yucatán. Sabed, que a nos se ha hecho relación, que a causa de no saber la lengua de los Indios de los repartimientos, que están puestos en nuestra Real Corona, los Religiosos que están puestos para la dotrina dellos, ni sabérsela declarar, mueren muchos sin confessar, ni recibir los Sacramentos, de que ay mucho peligro en su salvación. Y porque como sabéis, esto es a vuestro cargo como Prelado de vuestra Orden, y es justo se mire con mucho cuidado, por lo que toca a cosa que tanto importa, os ruego y encargo asssí lo hagáis, procurando, que los dichos Religiosos sepan la lengua de los dichos Indios, para darles mejor a entender la dicha dotrina, y predicación; y lo demás que convenga a su salvación; que demás del servicio que haréis a nuestro Señor, y cumplir con lo que a esto sois a cargo, recibiré contentamiento. Fecha en Madrid a 26 de Mayo de 1573 años. YO EL REY. Por mandado de su Magestad. ANTONTO DE ERASO.

XII. Que aya un Alcalde o Fiscal más

Ultra desto sería muy acertado para la extirpación desta idolatría, que en todos los pueblos aya un Alcalde fuera de los que ay, o un Fiscal mayor con comissión del señor Obispo, y aprovado por el Governador de su Magestad, que visite cada año dos, y tres vezes las milpas, y huertas de Cacao, y sementeras de cada Indio, y vea las cuevas y cavernas, que en ellas ay en sus contornos, y las haga cegar con cal y canto, o piedras grandes; porque en estas cuevas suelen tener sus Dioses caseros, que llamaron los Paganos Penates, de cuyos nombres hize un catálogo, y no es justo que se expressen; y basta dezir que son muchos, y cada uno tiene su oficio, Dios de las aguas, Dios de la salud, Dios de la caça, Dios de la pesca, Dios de la mercancía, Dios de la mar, Dios de la guerra, &c. y este tal Fiscal fuesse a elección del Cura, Religioso, o Clérigo, nombrando dos, o tres para que el Prelado elija el uno; porque el Cura que conoce sus ovejas, escogerá los más Christianos, y diligentes para el propósito; y que en su comissión y nombramiento se le diesse instrucción de la obligación de su oficio de visitar las milpas, y huertas de Cacao, las casas y aposentos, y arcas de los Indios, de quien se tuviere sospecha, o indicio tener ídolos; y que estas visitas las haga con mucho secreto sin avisar a los dueños en Domingos, y Pascuas, y

Fiestas, quando todos están descuidados: porque si saben el día que los han de visitar, harán fiesta, y boda al Fiscal, a que son muy dados, y se frustrará el intento, que es cogerlos descuidados. Con este ardid cogí ciertos idólatras en el Pueblo de TeKanxoc con los vasos de su vino Balche, y en el pueblo de Cehac, como dixe, pág. 211.

XIII. Que este Alcalde, o Fiscal cure de la limpieza de la Iglesia y otras cosas

Ultra desto, que este Alcalde, o Fiscal mayor de la Iglesia tenga cuidado de su adorno y limpieza, y assista con el Maestro de Capilla, y Cura todos los Domingos y Fiestas a contar la gente congregada a la dotrina, para que se sepa quién falta della muchas vezes, para tenerlos por sospechosos en este pecado, y traerles entre ojos, y visitar a menudo sus milpas y casa; porque la experiencia en tantos años que fui Cura en diferentes Beneficios, me enseñó que el Indio que se está quinze, y veinte días en su milpa sin venir al pueblo, y a la dotrina, y sin oír Missa un mes, y dos, es sospechoso de idolatría; porque en son de ir a caça de javalíes, texones, y venados, y a buscar cera y miel silvestre en la espessura de los montes, se suelen estar muchos días en ellos sin venir a la dotrina, y de allá traen los ídolos de los Gentiles passados, y como buelven cargados de caça, regalan con ella a sus Governadores, para que dissimulen con ellos.

No se halla, que Indio descubre idolatría de otro Indio, porque tienen fee, que el que la descubre, o toca ídolos, o los quiebra, ha de morir presto

Y este tal Fiscal no dissimulará, ni podrá, supuesto que ha dado al Cura la lista de los que faltaron en todas las Fiestas passadas; y viviendo el Cura con este cuidado, hará su oficio como está obligado, y conocerá sus ovejas según el Concilio Tridentino ses. 21. cap. 1. que dize assí: «Estando mandado por divino precepto a todos los que tienen el cuidado de las almas, que conozcan a sus ovejas», porque no tiene escusa, si el lobo las come, vt in regula non potest, de regul. iur. extra: «No puede tener escusa el pastor, si el lobo se come las ovejas, y el pastor lo ignora». Cuya glossa vean los Curas, y temblarán de serlo, y sabe la divina Magestad, que el tiempo que lo fui, siempre supliqué me diesse una prebenda para acabar la vida sin cargo de almas; pues el Concilio Tridentino dize: «Cargo terrible aun para los ángeles», sess. 6. cap. 1. de reformat.

XIV. Que este Fiscal cure de los enfermos y los exhorte a bien morir

Ultra desto, que este Fiscal sea superintendente con los dos que suele aver en cada pueblo, que visitan a los enfermos, y llaman al Cura para que los confiesse (costumbre muy loable que han introduzido los Religiosos) y este Fiscal, sabiendo leer, y escrivir, ayudara a bien morir a los enfermos, dándole la forma que pone el Ritual, y Manual traduzida en su lengua, y alguna plática para exhortar, y avivar la Fe, y esperança del enfermo; porque faltándoles este consuelo, y conhorte, desesperan, y son tentados fuertemente del demonio para ahorcarse. Y este Fiscal con los otros dos cuyde del regalo, y necessidades del enfermo, avisando al Cura, y a su Governador, para que ordenen y manden como tenga su aposento abrigado, y no le falte compañía, ni lo necessario, por que en tierra tan abundante no falta sino al enfermo.

XV. Que haya libros impresos en la lengua de los indios

Ultra que sería muy útil que huviesse libros impresos en la lengua destos Indios, que tratassen del Génesis, y creación del mundo; porque tienen fábulas, o historias muy perjudiciales, y algunos las han hecho escrivir, y las guardan, y leen en sus juntas. E yo huve un cartapacio destos que quité a un Maestro de Capilla, llamado Cuytun del pueblo de Çucop, el qual se me huyó, y nunca le pude aver para saber el origen deste su Génesis; y que se les imprimiessen vidas de Santos, y exemplos en su misma lengua, pues la letura es lengua que habla alma, y por estar faltos de libros, viven sin luz, y servirá al Cura que no predica para leérselos en las Festividades de los Santos.

XVI. En Lima dizen, que ay Colegio de Indios, y casa de idólatras viejos, y hechizeros perniciosos

Ultra desto sería muy útil, y de gran importancia, y no menor antídoto que el referido, núm. 2. que su Magestad mandasse fundar en esta ciudad un Seminario, o Colegio de niños hijos de los Caziques, y principales, para cuyo sustento se podría asectar una, o dos de las Encomiendas que vacassen; y que este Colegio tenga un Religioso, o dos de la Compañía de Iesús, quando funden, y les enseñen a leer, y a escrivir, y cantar, y tocar todo género de música, y que sirvan a esta santa Iglesia Catedral de Acólitos, y Cantores; porque bueltos a sus padres, han de suceder en los oficios dellos, y en sus tierras, y huertas, y enseñados, y aficionados a nuestra Religión Christiana, y en nuestra lengua Española hará mucho fruto en sus pueblos; y siendo informado su Magestad, y suplicado en su Real Consejo de Indias, es muy verisímil que provea lo mismo que proveyó a mi instancia el año de 1605 por la cédula del tenor siguiente al Obispado, y Cabildo.

Cédula Real para que aya estudios en esta ciudad de Mérida

EL REY. Concejo, Iusticia, y Regimiento de la ciudad de Mérida de la Provincia de Yucatán por carta del Doctor Pedro Sánchez de Aguilar he entendido que en essa Provincia e Obispado ay alguna falta de Clérigos, y que esto se supliría con que se fundasse algún estudio, donde se leyera alguna lición de Artes, Teología, Cánones, o sagrada Escritura, a que son inclinados y aplicados los naturales; y que por no leerse, todos los Estudiantes en sabiendo Latinidad, luego se van a la Universidad de la ciudad de México, de donde nunca se buelven, respeto de hallarse bien en ella, y entrar muchos en Religión: en que recibe notable daño esse Obispado; y que esta fundación de estudio se podía hazer, aplicando para su estipendio la renta de algunas Encomiendas que vacaren.

Y habiéndose visto, y tratado sobre ello en mi Consejo Real de las Indias, se acordó devía mandar dar la presente para vos, e yo lo he tenido por bien: Por lo qual os mando, que me informéis, si convendrá hazer en esse dicho Obispado de Yucatán la dicha fundación de estudio, y qué utilidad se conseguirá dél, y qué renta será necessaria para sustentarla, y esta en qué cosa se podría aplicar, para que visto todo, se provea lo que más convenga. En Valladolid a 19 de Abril de 1605. YO EL REY. Por mandado del Rey nuestro señor. ANDRÉS DE TOBALINA.

Fecho y sacado, corregido y concertado fue este traslado de la dicha Real cédula original por mi Ambrosio de Arguelles escrivano público del número, y del Cabildo y por el Rey nuestro señor en diez días del mes de Setiembre de 1605 años, siendo testigos a lo ver corregir, y concertar Antonio de Mirueña, y Antonio de Espinosa, e Miguel Ruiz. En fee dello fize aquí mi signo acostumbrado, que es a tal. En testimonio de verdad. AMBROSIO DE ARGÜELLES escrivano público, y del Cabildo.

Que los Governadores Indios fuessen ladinos de los criados españoles

Bien se colige, que pues por mi relación se movió un Consejo Supremo a proveer esta cédula, que mejor se moverá por la de un Prelado, aunque no supe, ni entendí que respondió a esta cédula el Cabildo interessado en estas Encomiendas.

Y en el ínterin que se procura la fundación de un Colegio de Indios, sería muy útil, que los Governadores dellos fuessen Indios ladinos en la lengua Española, ancianos, y buenos Christianos, criados y nacidos entre los Españoles, por lo que saben de la política dellos, y de su entera Fe y devoción al culto divino como cosa heredada de padres, y abuelos, y rebisabuelos; pues el salario destos Governadores es muy fácil de pagar, y está muy introduzido en esta Provincia el hazerles una sementera de maíz, y otras legumbres, con que se sustentan, y que estos les enseñassen la lengua Castellana, como lo manda su Magestad por una cédula año de 1550.

Viven viciosos los Indios, y van a más cada día, muy al contrario de otros Obispados, donde los consumen las minas

Y a criar la grana, que oy se va entablando, y se va cogiendo, y plantando los nopales, donde se cría; y se esperan Indios Mexicanos que la enseñen a criar, coger, y cultivar, como me lo ha certificado el Governador presente don Antonio de Figueroa; y ocupados en este noble y caudaloso exercicio, a falta de minas, y metales, ingenios, y moliendas, y harados, olvidarían sus

Dioses falsos, pues la suma ociosidad, que se les conoce, parece motivo de su desventura, y pecado de idolatría, como está referido. Y para el Colegio referido por vía de arbitrio propongo in Domino, que se podría sustentar toda la Provincia, situando en cada comunidad, y pueblo, según, el número de vezinos, una, o dos fanegas de maíz, o media, o un quartillo, y un almud, o más de axi, fríxoles, pepitas, que es el común sustento de Indios, y más de muchachos; porque mirado el ordinario valor de una fanega de maíz en los pueblos, no sube de quatro reales, y el axi un quartillo el almud, y lo propio los fríxoles y pepitas.

Arbitrio para fundar el Colegio de los Indios

Y entrando todo esto en poder del Rector deste Colegio de Indios, y beneficiándolo, puesto en esta ciudad que es muy fácil, avrá para vestirlos, y comprarles libros e instrumentos, fuera de que sus padres, que vienen a esta ciudad a menudo, les ayudarán. Y no hallo inconveniente que pueda impedir este Colegio, porque la tierra es saníssima, y una en el temple, comida, y aguas, y no enferman los que van de una Provincia a otra, salvo los que van a la pesca al mar, porque mudan aire, y comida, y los que viven en la costa, están habituados.

Limosna a los Indios enfermos

Una cosa advierto a todos los Curas, que hize experiencia, y note con evidencia, quán grata es a Dios nuestro Señor la limosna que se haze a los Indios enfermos, y viejos tullidos, embiándoles de la mesa un platillo de comida; porque aunque sus mugeres, y deudos cuydan dellos, no alcançan a tener una posta de ave, o pollo guisado cada dos o tres días, con que poder convalecer; y el Cura, si quiere, con un real más de gasto cada día, puede embiar a diez enfermos un regalo, pues vale un ave un real en todo este Obispado. Y el Cura que cuida de los enfermos, y manda a los Caciques, o a los Cantores del escuela que le abriguen el aposentillo, donde duerme, porque el frío en su tiempo les ofende, es estimado, y reverenciado, y regalado, y coge ciento por uno y el enfermo tiene en la memoria el beneficio, y regalo que recibió en su enfermedad, y lo publica a todos.

Que no los lleven en andas a confesar

Propongo esto in Domino, y no los saquen de sus casas estando enfermos, ni los lleven a cuestas, o en andas a las Iglesias a confessarse, y sacramentarles. Abuso de los Ministros que se dedignan de ir a sus casas a sacramentarlos, no advirtiendo en la ordenança o Sinodal, que sobre esto hizo el señor Obispo don Gregorio de Montalvo, que propuse en el Consejo el año de 1602 quando fui Procurador del Clero deste Obispado.

Encomenderos que curan a sus encomendados

Y no dexaré de alabar a muchos Encomenderos que vi y conocí caritativos con los Indios de sus Encomiendas, que en sabiendo que hay peste en su Encomienda, o muchos enfermos, embían una esclava, o una muger que sepa medicinar enfermos con geringa, y azeite a su costa; y mandan que de las aves que les pagan de tributo, les guisen tres, o quatro cada día para su regalo.

Multiplican, y van a más los Indios de Yucatán

Y otros Encomenderos conocí, que en tiempo de hambres les dan el maíz que tributan, y tienen entroxado, la mitad menos de lo que vale, con que passan sus trabajos, y dexan de talar los montes en busca de frutas para su sustento, y con estos favores multiplican en hijos, y va la gente en aumento: muy al contrario de otros Obispados, donde los consumen las minas.

Xaveyes que hizo el Governador D. Carlos de Luna, y caminos, obra heroica

Y no es menos de estimar el zelo y caridad de los Encomenderos, que procuran muchas vezes a su costa hazer norias en sus Encomiendas, con que escusan muchos abortos a las Indias en sacar el agua de los poços y çenotes tan hondos.

También se debe estimar en mucho los xaveyes de cal y canto, que el Governador don Carlos de Luna y Arellano mandó hazer en los pueblos cerca de la sierra, donde los poços se secan a tiempos, con que hay sobra de agua para los ganados y bestias, obra heroica, y digna de tan gran Cavallero Republicano; y no se mostró menos en abrir y allanar los caminos desta ciudad a las villas de Valladolid, y Campeche.

Quibus finem dedi huic opusculo, CONTRA IDOLORUM CULTORES, in hac civitate de Merida de Yucatan 18. die Decembris anno Dñi 1615. Sub correctione Sanctae Matris Ecclesiae, et iudicio meliori, cui submitto.

Doctor D. Pedro Sánchez de Aguilar.

Noticia complementaria

Al presente estando sirviendo una Canongia en esta santa Iglesia Metrópoli de la ciudad de la Plata, Provincia de los Charcas, a que su Mag. que Dios guarde, me hizo merced de me presentar el año de 1619 me pareció imprimir este pequeño trabajo y estudio, que siendo Deán, y Comissario general de la Santa Cruzada, escriví en Yucatán, movido de ver como se impedía, o dilatava el castigo destos idólatras por la competencia de las dos cabeças cerca de la prisión y conocimiento desta causa, que tantos años ha durado (y pienso que oy dura).

Y movido de algún zelo, me pareció procurar imprimirle. Viendo la estima que dél hizieron los señores Arçobispo don Fernando Arias de Ugarte, y los demás Prelados congregados en esta ciudad de la Plata en el Concilio Provincial, que se celebró el año de 1627 y aviéndole honrado, y leído sus Señorías, me animaron a su impressión, juzgando sería de alguna importancia, y advertencia a los señores Obispos de Yucatán; y en particular me animó mucho el dicho señor Arçobispo como tan zeloso de la honra de Dios N. S. y del bien de las almas; cuya vida inculpable, y gran govierno es muy conocido en todo este Reino del Pirú, adonde ha sido Oidor en tres Audiencias, y Prelado en tres Obispados, y al presente lo es en la ciudad de Lima, aviendo estudiado en Salamanca, y Abogado en Madrid, y Auditor en la jornada de Aragón en tiempo del rey N. S. Felipe II, a cuyos pies puse esta obra en el dicho Concilio, venerándole como a la más luzida flor de los nacidos en las Indias, que llamamos Criollos, en ocasión que fui nombrado con el Lic. D. Diego de Trexo Deán desta Santa Iglesia, diputados por nuestro Cabildo; y tratándose de embiar juez Comissario contra la idolatría, como en efeto se nombró un Religioso grave y docto, llamado fr. Bernardino de Cárdenas de la Orden del señor San Francisco.

Demás de lo qual me he movido con aver leydo de verbo ad verbum el libro de iure Indiarum del señor Doctor D. Iuan de Solórçano y Pereira, Oidor que fue en Lima, y al presente en el Supremo Consejo de las Indias; cuya erudición y escritos admirables, y multitud de Doctores, que cita en todas materias, y en particular de idolatrías, ha causado y causa general admiración y espanto, y a mi más; y para mi propósito hallo en su libro lo que yo no alcancé, ni pude alcançar con mi rudo ingenio, y falta de libros en aquel Obispado de Yucatán.

Y para punición deste delito de idolatría, y otros vicios de los Indios se vea su dotrina en el lib. 2. c. 12. n. 23. 24. y en el mismo lib. 2. c. 19. n. 47. 48. 49. 54. 72 y casi en todo él; y sin exageración se puede dezir, como lo afirmo, que esta fue mano a quien Dios dixo, escrive, pues para castigo de tan gran pecado dize lo que un Christiano zelo puede dezir. Vide en el Sumario que está a la postre, verb. idolatría, donde cita infinitos Doctores, quos vide eas obsecro, et verb. haeretici. Demás desto tuve motivo, que aviendo leído estos escritos el Lic. D. Iuan de Valverde Canónigo en esta Santa Iglesia de la Plata, hombre docto y estudioso, graduado en Derechos por Salamanca, me escrivió un villete del tenor siguiente.

Señor mío, mientras más leo estos quadernos, es mayor la ponderación que hago de lo mucho que V. M. trabajó en ministerio tan alto como la extirpación de las idolatrías, de que ha de dar a v. m. nuestro Señor el premio. Y es sin duda, que le ha de pedir particular cuenta, y muy estrecha, por no aver impreso esta obra; pues si hubiera llegado a ojos de los que goviernan, quiçás, y aun sin quiçás, se huvieran remediado muchas cosas destas, pues para todo da v. m. luz en sus escritos, y no queda cosa, a que no abra la puerta, y de modo. Don Iuan de Valverde.

Y estando para remitir estos quadernos al Impressor, vino a mis manos un libro impreso en la Ciudad de los Reyes, intitulado, Extirpación de la idolatría del Pirú por el Padre Pablo Ioseph de Arriaga de la Compañía de Iesús año de 1621, y leyéndole, aunque muy de prisa, halló, que él solo, quando no tuviera los motivos referidos, era bastante a moverme para imprimir este informe, y doy muchas gracias a nuestro Señor por lo mucho que el dicho libro se conforme con este; en el qual se hallarán mejores, y mayores documentos para estirpar la idolatría, que los que yo doy con mi corto ingenio.

También di gracias a nuestro Señor, viendo que las idolatrías destos Reynos del Pirú son más perjudiciales, y de muchas y más raízes que las de Yucatán. Ruego y suplico a los que leyeren este informe, procuren leer el libro dicho, y en él verán cuán conformes estuvieron las dos cabeças, Virrey, y Arçobispo en la extirpación, y visitas contra este pecado, fol. 75. muy al contrario de lo que vi en Yucatán.

Noté assimismo lo mucho que encarga que se les dé la Comunión a los Indios, y lo que nuestro muy santo Padre Clemente VIII le dixo en Roma, preguntándole su Santidad, si comulgavan los Indios, a fojas 42. Noté assimismo quánto encarece que aya castigo exemplar al modo que usa el Santo Oficio, y que los Caciques sean tales, fol. 77, y parece que todo el libro se escrivió en favor y prueva deste informe. También dize largamente este Autor, que la estirpación de la idolatría consiste en los Curas, y Caziques, fol. 103. Véase este Autor por un solo Dios.

Véase assimismo al Padre Ioseph de Acosta de la Compañía de Iesús en su libro de procuranda salute Indorum lib. 6. cap. 9. et 10, donde afirma lo propio; y en el cap. 14 de prudentia Sacerdotis, quanto importa que los Ministros sean tales, afables, mansos, y amigables con estos pobrecitos. Con lo qual me confundo y arrepiento, y pido a nuestro Señor perdón del poco fruto que hize en los años que fui Cura. Fecho en esta ciudad de la Plata Provincia de los Charcas en 1 de Enero 1636. Laus Deo, et Virgini immaculatae. -DOCTOR D. PEDRO SÁNCHEZ DE AGUILAR.

Aprobaciones y pareceres[97]

Porque se entienda, que este informe ha sido expurgado de hombres doctos, pongo por remate y orla los dos villetes que me escrivieron el Doctor Lorenço Barriales Carrera, Racionero en esta santa Iglesia, Predicador y Examinador Sinodal. Y otro del Licenciado don Antonio Daza Cura Rector della; de cuya erudición, letras y estudios esta bastantemente esta Ciudad satisfecha, que son los siguientes:

Parecer de Don L. B. C.

Con grande atención, y particular gusto leí una, y dos vezes, señor Deán de Yucatán, y meritíssimo Canónigo desta santa Iglesia Metropolitana de los Charcas el informe, o apología contra los Indios idólatras, que negando el culto, y adoración al verdadero Señor de lo criado, le dan a criaturas tales,

---

97 .En la edición del museo estos pareceres fueron insertados al final de la obra; nosotros consideramos que son de mayor utilidad al frente de la misma. Editor Navarro

quales v. m. refiere en su questión, y en ella veo valientes pruevas contra los que juzgan, que la punición deste delito pertenece al brazo seglar, siendo meramente Eclesiástico, perteneciente a la jurisdición, que Christo nuestro Señor dexó a su Vicario en la tierra.

Considero a v. m. como a otro Moysén caudillo del pueblo de Dios lleno de su zelo y honra, castigando a los que adoraron el bezerro en el desierto, como consta del Éxodo cap. 32. y rogando a la divina Magestad por la conversión destos Apóstatas idólatras, y dándoles remedio para salir de tan miserable dolencia, como que se les prohíba la bevida Balche, porque como nota el sagrado Texto, después de aver adorado el bezerro añade: «El Pueblo sentose a comer, y se levantaron a jugar».

Después de aver ofrecido sacrificios, comieron y bevieron, y luego se levantaron a celebrar el ídolo con bailes y cánticos. Este abuso de sacrificios notó San Ambrosio en la Epíst. 36. ad Sabinum, diziendo: «Donde uno comienza a deleitarse, allí comienza a apartarse de la viva Fe; así pues cometes dos grandes crímenes: el aprobio carnal y el sacrilegio espiritual». Y añade: «el que se sumergiere y enredare en semejantes deleites, cae en los lazos de la perfidia: porque escrito está que se sentó el pueblo a comer y a beber y después pidió le fabricaran dioses...».

Que es el mismo abuso que llorava en los sacrificios de los Gentiles Epicharmo, como refiere Atheneo lib. 2. «Del sacrificio, dice, vino la comida; de la comida resultó la bebida; de la bebida la merienda; de la merienda el baile; del baile el juicio; del juicio la sentencia; de la sentencia los grillos, trabajos forzosos y la multa.» A este modo v. mrd. señor Deán de Yucatán, aviendo experimentado quando fue juez Eclesiástico en Yucatán, el daño que causava la comida y bevida ofrecida a los ídolos en sacrificio, muestra quán provechoso será prohibir la bevida Balche, como insentivo para acarrear el vicio de la idolatría.

No quiero detenerme en la prueba, y muestra del zelo divino contra este abominable, y detestable vicio de la idolatría, que sería nunca acabar. Y solo concluyo con las palabras de la Sabiduría cap. 41. núm. 17. «Un saber encubierto y un tesoro que no se ve "qué provecho traen ambas cosas? ECLI"». Todos estos trabajos, y vigilia escondidos en el escritorio, de que provecho serán, sino salen a luz, para que los señores Obispos, Curas, y Pastores se goviernen con este informe para la extirpación de vicio tan noscivo que como dize San Pablo 2. ad Thimoteum cap. 2. núm. 17. La plática de ellos cunde como el cáncer . Y assí pido se determine a imprimir este trabajo, para que merezca v. m. lo que alcançan los operarios de Christo, el qual guarde a v. m. como se lo suplica este menor Capellán. En la Plata a 20 de Enero de 1636.

DOCT. LORENÇO BARRIALES CARRERA.

Parecer de Don A. D.

Muy bien se puede dezir, por v. m. señor Doctor Pedro de Aguilar meritíssimo Canónigo desta S. Iglesia, lo que dixo Platón en el lib. 3 de República: «Cada quién cuida particularmente de aquello que mucho ama».

Por este informe lo veo, quan en el alma tiene v. m. el amor de su primera Iglesia, y de su patria, pus a costa de desvelos, surcando mares, y peregrinando, le ha juntado un tesoro, con que puede gallardear, y luzirse entre las demás Iglesias deste nuevo Orbe, y prorrumpir en alabanças de tan docto Maestro, y Deán, pues con tanto ingenio, y buena disposición con zelo Christiano les enseña el camino del cielo. Digan los Sacerdotes, los Españoles, y los pobres naturales, a quien tanto toca este informe, las palabras de Severo en la epístola 37 a San Agustín: «Oh abeja de Dios verdaderamente artificiosa, construyendo los panales llenos de divino néctar, derramando misericordia y verdad, mi alma se deleita recorriéndolos».

Seguros podrán caminar los Predicadores de aquella Provincia de Yucatán con tan luzida estrella a los ojos. Bien sabrán donde ponen sus hermosos pies, para atropellar con ellos la sobervia, y descollada idolatría, que tan de propósito ha tomado silla en los coraçones de aquellos infelices naturales, que están inficionados con esta peste, a quienes el demonio con su astucia, y con la dulçura del Balche ha sacado del redil de la Iglesia, haziéndolos apostatar, para que en ellos se verifique la sentencia del Apóstol ad Rom. I. «Pues aunque conocieron a Dios no lo glorificaron como a Dios... y mudaron la gloria del Dios incorruptible, en semejanza de figura de hombre corruptible, y de aves, y de cuadrúpedos y de sierpes... y adoraron, concluye, y sirvieron a la criatura más bien que al Criador». v. 21, 23 y 25.

El coraçón se rasga de dolor, considerando tal estrago en gente que está señalada con el carácter Baptismal, y almagrada con la sangre de Christo como ovejas de su rebaño. Desdichados los Governadores, y Iusticias de aquella tierra, que por una leve competencia de juridición con los Prelados, y Pastores, son causa de que no se aparten las simples ovejuelas de las dentelladas del lobo infernal, ligando, y entumeciendo como serpientes encantadas las manos de los Obispos, para que con el báculo no recojan el ganado, y con el silvo no espanten al lobo.

Quando el Espíritu Santo está lamentando a lágrima viva los males, y atrocidades que se siguen de la idolatría en el cap. 14 de la Sabiduría: «El principio de la fornicación fue el haber excogitado los ídolos: y su invención fue la depravación de la vida». Y más adelante:

> Y no bastó haber errado ellos acerca del conocimiento de Dios, mas aun viviendo en grande guerra de ignorancia, llaman paz a tantos y tan grandes males. Porque sacrificando sus hijos, o haciendo sacrificios oscuros, o celebrando vigilias llenas de locura, no conservan ya pura su vida ni los matrimonios, sino que el uno mata al otro por envidia, o lo contrista con un adulterio, y todo se halla en confusión, sangre, homicidio, hurto y engaño, corrupción, infidelidad, alboroto y perjurio, vejación de los buenos, olvido de Dios, contaminación de las ánimas, incertidumbre de prole, inconstancia de matrimonios, desórdenes de adulterios e impureza: porque el abominable culto de los ídolos, es la causa y el origen, y el fin de todo mal.

Que más claro, para que el informe sea una triaca de todos estos males, por lo que tiene de remedios para ellos. La soberana Magestad es quien ha de premiar a v. m. este trabajo, que por su Iglesia ha tomado, espere v. m. la corona de sus manos, que sólo éste puede ser el premio ajustado, y el mío en aver visto este informe que v. m. me remitió, el quedar mui discípulo suyo, y reconocido Capellán, suplicando a nuestro Señor, aunque indigno, guarde a v. m. felices años. En la Plata a 25 de Enero de 1636.

DON ANTONIO DAZA.

***

CON ESTOS DOS VILLETES, Y EL ROMANCE EN FAVOR DE LOS AGUILARES

DE ÉZIJA, QUE ME EMBIÓ UN RELIGIOSO AMIGO, QUE NO SE PRECIA

DE POETA, PARECE QUE PODRÁ PASSAR ESTE INFORME SEGURO

Y HONRADO. FECHO UT SUPRA. -DOCTOR D. PEDRO

SÁNCHEZ DE AGUILAR

Libros a la carta

A la carta es un servicio especializado para

empresas,

librerías,

bibliotecas,

editoriales

y centros de enseñanza;

y permite confeccionar libros que, por su formato y concepción, sirven a los propósitos más específicos de estas instituciones.

Las empresas nos encargan ediciones personalizadas para marketing editorial o para regalos institucionales. Y los interesados solicitan, a título personal, ediciones antiguas, o no disponibles en el mercado; y las acompañan con notas y comentarios críticos.

Las ediciones tienen como apoyo un libro de estilo con todo tipo de referencias sobre los criterios de tratamiento tipográfico aplicados a nuestros libros que puede ser consultado en Linkgua-ediciones.com.

Linkgua edita por encargo diferentes versiones de una misma obra con distintos tratamientos ortotipográficos (actualizaciones de carácter divulgativo de un clásico, o versiones estrictamente fieles a la edición original de referencia).

Este servicio de ediciones a la carta le permitirá, si usted se dedica a la enseñanza, tener una forma de hacer pública su interpretación de un texto y, sobre una versión digitalizada «base», usted podrá introducir interpretaciones del texto fuente. Es un tópico que los profesores denuncien en clase los desmanes de una edición, o vayan comentando errores de interpretación de un texto y esta es una solución útil a esa necesidad del mundo académico.

Asimismo publicamos de manera sistemática, en un mismo catálogo, tesis doctorales y actas de congresos académicos, que son distribuidas a través de nuestra Web.

El servicio de «libros a la carta» funciona de dos formas.

1. Tenemos un fondo de libros digitalizados que usted puede personalizar en tiradas de al menos cinco ejemplares. Estas personalizaciones pueden ser de todo tipo: añadir notas de clase para uso de un grupo de estudiantes,

introducir logos corporativos para uso con fines de marketing empresarial, etc. etc.

2. Buscamos libros descatalogados de otras editoriales y los reeditamos en tiradas cortas a petición de un cliente.

www.ingramcontent.com/pod-product-compliance
Lightning Source LLC
Chambersburg PA
CBHW050848180626
46814CB00007B/2678